文庫ぎんが堂

怖すぎる実話怪談
叫喚の章

結城伸夫
＋逢魔プロジェクト

JN118635

イースト・プレス

まえがき

何事にも節目というものがありますよね。

オリンピックでいえば三連覇、夫婦でいえば十年目、学校ならば百周年とか。

じつはこの『怖すぎる実話怪談』シリーズ、今回で十冊目なんですね。これは著者にとってはかなり嬉しい節目です。記念切手でも発行したいぐらいの大事件です（笑）。


振り返ればちょうど十年前、イースト・プレス社の編集者から突然の連絡がきました。「うちから怪談本を出しませんか？」というありがたいお誘い。断る理由などあるはずもなく、喜んで受諾。こうして出版したのが『怖すぎる実話怪談』でした。

本のタイトルどおり、選んだ怪談、不思議な話は、ひと味もふた味も違う恐怖譚を厳選しました。厳選できる理由は、四千を超える怪談ストックがあるからなんですね。

これらはすべて、逢魔が時物語メルマガに投稿された実話怪談です。これは財産です。雲谷斎の隠し資産です（あ、言ってしまった）。

お陰様で本はそこそこ売れたようで（笑）、第二弾の出版につながり、なんとなんとそれからは毎年一冊世に出るシリーズ出版を果たしました。

しかも、ついに十年目にして十冊目という、物書きとしての快挙を達成！　この本が書店に並ぶ頃は、秘蔵のワインを開けて乾杯しているはずです。

これも変わらず愛読していただいた読者諸氏、身震いするほどの怪談投稿をしてもらったメルマガ読者、そして辛抱を重ねて毎年の出版を実現していただいたイースト・プレス社と編集者のお陰だと思っています。

もう、みなさんに足を向けて寝ることはできません。どっちを向いて寝ればいいかわかりませんが、心よりありがとうと言わせてください。

逢魔プロジェクト主宰　著者　結城伸夫（雲谷斎）

怖すぎる実話怪談　叫喚の章

目次

視聴

縛感

異

特別寄稿

視

見えることを恨みたくなるモノと遭遇することがある。
網膜に投影するものすべてが、実在するものとは限らぬ。
すぐ傍まで、闇よりも深い何かが近づいて来ているのかも……。

交差点の影

Y県のある宿場町での痛ましく、怖ろしい話。

街道の峠に向かう道は往時の賑わいもなく、車もあまり走らない寂しい国道になった。そのせいか、走行する車はスピードを出していることが多い。

昔、その国道のある交差点で大きな事故が起きた。

その犠牲者は、なんと私が働いていた会社の社長の娘さん。

交差点で車が暴走してきて、娘さんもろとも電柱に車が巻きつくように激突したのだ。娘さんは車と電柱の間に挟まれて即死した。

加害者は信号無視だけでなく、酒酔い運転だったという。

通夜が悲しみのうちに執り行われた。

社長の娘さんの死ということで、社員のほとんどは通夜に参列した。しかし、会社である以上、どうしても片づけなければならない仕事がある。私は一人会社に残り、工場の機械を動かしていた。

夜が更けていくと、いつもは何人かの同僚が残業していて、機械音が途切れない工場が心細いほど寂しく思えた。

ようやく仕事が終わったのは、すでに夜十時を過ぎていた。

機械の電源を落とし、帰ろうと旧工場と新工場をつなぐ渡り廊下を歩いているときだった。

さっきまで私ひとりいた新工場に一か所、機械の上の明かりがボーッと点いているのが窓から見えた。誰かが消し忘れたのだと思い、工場の中にある配電盤に向かう。

ところがそこへ着く途中で、すっと電気は消えた。

工場内は真っ暗になった。配電盤の接触不良かと思い、月明かりを頼りに外に出た。念のためまた窓から確認すると、消えたはずの電気がまた点いている。

変だなと思った瞬間、私は思い出した。

明かりが点いている下の機械。手が足らないとき、時々動かして作業していたのは、亡くなった娘さんだったことを……。

娘さんの姿をそこに見たわけではないが、私は無性に怖くなった。このことを伝えるべきだと思った。

夜遅かったが、工場の近くにある社長の家に向かう。通夜ということで、遺族たちは悲しみに暮れていた。

まずは娘さんの祭壇に手を合わせる。

遺族たちに頭を下げた後、社長にさっきの出来事を報告した。社長や奥さんや親戚は、それを聞くとまた号泣してしまった。


その帰宅の途中。事故のあった交差点を通りかかることに気づいた。

通夜の後でもあるし、工場での異変のことが引っ掛かっていたので、本当は通りたくなかった。

しかし、もう時刻は深夜である。回り道をすると三十分も余計に時間がかかるので、仕方なくそこを通ることにした。

交差点に近づくにつれ、心臓の鼓動が耳に聞こえるほど高くなる。気にしないでおこうと思えば思うほど気になる。

交差点の百メートルほど手前で車の速度を二十キロほどに落とす。ゆっくり走って車の中から供養しようと思った。

すぐに交差点に差し掛かる。と、突然車がおかしくなった。ハンドルが重くなり、左右に回すことができない。ハンドルをしっかり握ったまま、必死でお経を唱えた。

車はもう交差点の端に来ていた。交差点にある電柱に街路灯が点いているのが見える。


その下に、黒い影が伸びていた。


街路灯は真上から照らしている。にもかかわらず、影が伸びているのだ。しかも、影をつくっている元になるものは何もない。物理的にも伸びる方向に影ができるはずはなかった。

(あの影は、娘さんだ)

そう思った。

車を徐行運転にし、片手でハンドルを握りもう片手で影の辺りを拝んだ。

やがて、三か月が過ぎた。

日々の忙しさに流され、いつしか娘さんの事故のことは、みんなの脳裏から薄れていった。

ちょうどその頃、また大きな事故が起きた。

娘さんが亡くなった信号機から先の直線で、今度は社員が酒酔い運転をし、登校中の児童を五人はねてしまったのだ。そのうち一人は死亡するという悲惨な事故だった。

あろうことか、怖くなった社員はその場から逃げてしまった。しかも、その社員は社長の娘と結婚するはずの男だった。

数日後、その社員は自首した。裁判で十年の実刑判決を受けた。

社員は刑務所でも、うなされて眠れない状態が続いたらしい。刑務所から警察病院に移送されたが、その時点で気がおかしくなっていた。

「殺してくれ。早く殺してくれ！」

それしか口に出さない状態だった。

何にうなされていたのか、殺してくれと懇願するまで追い詰められていたのはなぜなのか。何もわからないままだという。

その後も、私はあの交差点を毎日行き来した。

しかし、夜になると街路灯の下には、不可解な影がこっちを見詰めるように現れていた。

それは季節に関係なかった。

まもなく私はその会社を辞めたので、もうその道は走らなくなった。

あの影は何だったのか。

もし、亡くなった娘さんだとしても、狂ってしまった社員は何を怖れていたのか？　今となっては、すべてが闇の中だ

投稿者　ＭＡＳＡ（男性・タイ）

ファストフードの子

東京のお盆は七月で、父の命日とも重なっている。

この時期はいつも家族で墓参りをしていた。

あれを見てしまったのは、お盆の日だったからかも知れない。


その年は姉と二人で墓参りをした。

昼どきでもあり、寺の帰り道にあたる門前仲町のファストフード店に入った。

店内は混雑し、長い列ができていた。

姉に席を取るように頼んで、私は列の後ろに並ぶ。姉は私の方に向かって座っていたので、目で合図を送り合っていた。

そのうち私の後ろにも数人の若者が並びはじめ、ますます店内は混雑していった。

すると、小さな子供が一人でバタバタと店内に走りこんで来る。ランドセルを背負った小学生の女の子。

普通なら少し遅れて親が入って来たり、友達が走りこんで来たりするものだが、そのどちらもなかった。

しかし、場所柄そういうことがあっても不思議ではないので、特に気にはしていなかった。

ただ、近づいて来たその子を見て少なからず驚いた。

その子の顔、である。強烈なインパクトがあった。


人の顔というより、動物顔だったのだ。


ちょっとこっちがひるむような、見てはいけないものを見たときの後ろめたさのような感じがした。

店内がザワザワと混雑してる中、その子は迷わず私のところに駆け寄って来た。目と目が合うと、親しげにニッコリと笑う。

えっと思った次の瞬間、まるでペットが飼い主にじゃれるように、嬉しそうに私の腕に頬ずりをしたのだ。

思わず（ヒェッ！）と声にならない悲鳴を上げてしまった。

腕を引っ込めることもできず固まっていると、その子はサッと踵を返して脱兎のように店を出て行った。

その間わずか数秒。

不思議なことに私の周りの人は誰ひとり、まったく女の子に気づいていない様子。みんな漫然と順番を待っているだけだった。

やっとトレーを持って姉のところへ行く。

席からじっとこっちを見てた姉は、当然一部始終を見ているはずだった。そこで今あったことを話して同意を求めると、意外な返事をする。

「はぁ、何のこと?」

姉にはまったくその光景が見えていなかったのだ。

まるで、私ひとりが白昼夢を見ている気分だった。

だが、あれは現実だったと思う。腕にはしばらくそのときの感触がしっかり残っていたからだ。

投稿者　E・K（女性）

生者と死者

ごく普通に、幽霊が見えてしまう人がいる。

知り合いの女性もそんな能力があるが、一般的なＯＬである。では、どんなときに、どんな具合に見えてしまうのか。たとえば、五時になって退社するときのこと。

同僚のＯＬたちと一緒に、わいわいしゃべりながら会社のビルを出ようとした。守衛室の前辺りで、外回りの営業から帰って来たとおぼしき男性社員とすれ違う。

彼女はその男性社員を知らなかったが、一応「お疲れさまでした」と声をかけた。するると、隣にいた同僚が「あんた、誰に言ってんの？」と変な顔をして訊く。

「え、今、帰ってきた人だよ。ほら、あそこ」

すれ違った後、エレベーターの前まで歩いて行った男性社員を指差した。同僚は何度もエレベーターの方を確かめ、怪訝な顔をした。

「誰もいないじゃないの……」

彼女は、またかと思った。


この種のことは日常茶飯事だった。

風邪をひいて病院に行ったときもそう。ロビーの長ソファーに患者らしきお爺さんが座っていた。彼女は反対側の長ソファーに腰掛けた。

その後から、中年の女性が病院に入って来る。ソファーに座るために、ためらいなくお爺さんが座っている長ソファーに向かう。そして、ちょうどお爺さんの膝の上に座るように腰を落としたのだ。

その瞬間、お爺さんの姿はスーッと透明になって消えた。初めて、この世のものではないことがわかった。


交差点でも似たことがあった。

多くの人がぶつからないよう行き交っていた。通行する相手か彼女かのどちらかが先に気づいて、脇をすり抜けていく。

ところが、向こうから急ぎ足で来た若者と正面衝突をしてしまった。

「ごめんなさ……」

途中で言葉を飲み込んだ。

ぶつかったと思ったのだが、若者は彼女の体を突き抜けて歩き去ってしまう。

このように、彼女には実体を伴った人間にしか見えないのだ。

ノイローゼになるとまではいかないものの、彼女はこの状態を非常に気に病んでいた。

どこまでが『実』で、どこからが『虚』の世界なのか、一目見ただけでは本当にわからないとこぼす。

幽霊は一般的なイメージでは、透き通っている。足がない。ボヤけている。といったステレオタイプのものが多い。

しかし、彼女のように、まるっきり生者と死者の見分けがつかない、というのも存在するようだ。

投稿者　桃源坊（男性）

末裔

じつは、私の家は『源頼朝』に極めて近い武家の血筋である。

そのせいかどうかは不明だが、家の中で鎧を着た武者の幽霊が見える。

ただ、この家では私の身にのみ起こることではあるが……。


それは毎日のことだ。

夜中になると決まって、ガシャン！　ガシャン！　という金属音とともに鎧武者が部屋に現れる。しかし、家族の誰に聞いても何も見えないという。

現れる部屋も、どうやら私の部屋だけのようだった。昔からのことだから慣れていたとはいえ、やはり不思議だった。

そこで従姉妹にも見える者がいるので、試しに私の部屋に一人で泊まってもらうことにした。

翌朝、彼女の朝の挨拶は「私、ほほ笑まれちゃったよ……」だった。

このようにその幽霊は何をするでもなく、ただ立っているだけなのだ。

鎧兜を身に着けているので口元しか見えないが、口元だけでも表情は読み取れる。

ほほ笑んでいたり、険しく口を結んでいたり……。


それは私に何かを伝えようとしているようでもあった。

というのも、そのお陰で命の危機を回避したことがあるのだ。

ある夜、鎧の幽霊は珍しく東の方を指さして、かなり険しい顔をしていた。

(何かあるのか……?)

予知のように、私に何か教えようとしている。そう思った。

奇しくも私のバイト先は東の方角。嫌な予感があった。

今日はバイトはヒマだろうという予想もあり、バイトを仮病で休むことにした。

いつものバイト開始時間から三時間ほど経った頃、バイト先の社長から電話がかかってきた。

「おまえ、今日休んでよかったなぁ」と真剣に言う。

何事かと話を聞くと、いつも私が座って作業している場所に、真上から重量のある照明具が固定器具ごと落下してきたというのだ。

私は命に係わる事故を回避できたことに安堵し、同時にゾッとした。そして、心から鎧の幽霊に感謝した。それ以来、幽霊にはいつも笑顔を向けるようにしている。

幽霊の正体はわからないが、血縁者であることは間違いない。

なぜなら、私は以前祖父から代々受け継がれているものとして、一振りの刀を譲られている。鎧の幽霊はそれと同じ刀を差しているのだ。

つまり、鎧の幽霊の刀こそ代々受け継がれ、現在は私の手にあるものだからだ。

投稿者　右近（男性）

スリッパの音

入院患者の付き添いで、ある大病院に泊まり込んだことがある。

現代とは違って、昔は入院患者のそばで付き添いする場合、簡易ベッドが用意されることがあった。これはそんな時代の戦慄するような話。

昼間であれば、病院など別に何ということはない。

しかし、その日は付き添いで泊まり込まなければならなかった。ただでさえ夜の病院は薄気味悪いのに、一晩中病院で仮眠するということで気分はのらなかった。

しかも、病院の怪談は定番になっている。そして、私は大の怪談好きなので、病院を舞台にした怖い話はいくつも知っていた。

昼間は看護師や医師が院内を忙しく行き来しているし、患者たちもよく廊下を歩いている。そんな姿を目にしていると、何の不安もない。

しかし、日が暮れて夕食時間も終わり、消灯時間になると雰囲気は一変する。外来用のロビーや病棟の廊下、そして病室も照明が落とされ、人の姿も定かでないような暗さに包まれる。

気持ち悪さを我慢しているうちに、いつしか深夜になった。

暗い廊下の端にあるトイレに行き、急いで病室に戻ろうとしたところ、巡回中だった顔見知りの看護師に出くわした。

ちょうど巡回が終わったところで、これからナースステーションに戻るところだという。これは心強いと、一緒に並んで歩いた。

深夜の病院なのでヒソヒソと話しながら、足音を忍ばせて歩く。すると、どこからかペタンペタンと、控えめなスリッパの足音が聞こえてきた。

廊下は暗く、直角に曲がっているので、歩いている人の姿は見えない。時間は深夜の三時過ぎ。最も深い夜の時間帯である。しかも、病院の暗い廊下でのこと。看護師と一緒ではあるが、これはめちゃくちゃ怖かった。

（おいおい、これはシャレにならんぞ……）

怖気づきながら看護師に小声で振ってみた。

「あの、足音、聞こえません？」

そう尋ねた瞬間、廊下の曲がり角から一人のお婆さんが姿を見せた。

このフロアに入院している患者だろうと思った。たぶん、トイレにでも行くのだろう。足音の主はそのお婆さんだったということで、正直ホッとした。

お婆さんは、ペタンペタンとスリッパの音を立てながら近づいて来る。普通なら、こちらは看護師も一緒だし、会釈ぐらいはするはず。しかし、お婆さんはこちらの存在など完全に無視してすれ違っていった。

まぁ、世の中にはいろんな人がいるから、すれ違っても挨拶すらしない人がいても不思議ではない。

しかし、私はすれ違った瞬間、何とも言えない違和感を覚えたのだ。

別に何がどうおかしい、と具体的に指摘できるものはない。ただ、感覚的に何か普通じゃないという雰囲気があった。

考えてみれば夜中の三時である。しかも場所は病院だし、神経が過敏になってそんな気がしたのかも知れなかった。

「なんか、ヘンなお婆さんだったなぁ……」

独り言のように呟いて、私は振り向こうとした。

すると突然、看護師はぐいっと私の腕を掴む。

そして、さらに声を潜めてピシャッと言った。


「振り向いちゃダメ！　早く戻りましょう！」


急に足を速め、ナースステーションに逃げ込むかのように駆ける。

私も腕を掴まれたまま、一緒に急ぐしかなかった。そのままナースステーションに引っ張り込まれてしまう。

「どうしたんですか？」

ちょっと面食らって看護師に訊いた。

すると、看護師は言葉を選びながら答えた。

「今すれ違ったお婆ちゃんね、おとつい亡くなってるのよ。寝ている間に、突然症状が悪くなってね。たぶん自分が死んだことに気づいてないのよねぇ、だから、夜中にああしてトイレに行ったりするのよ」

看護師は私にも『見えて』いるようだったから、危険だと思ってすぐナースステーションに逃げたとのこと。

この看護師も霊感のようなものがあるらしい。

「こういう大きな病院では、よくあることだから」

事もなげに言い放ち、笑いながら仕事に戻っていった。

投稿者　邦やん（男性・大阪府）

赤い車

私はかつて大型トラックの運転手をしていたことがある。

ほとんど毎日のように中央高速道を走っていた。これはその中央道で起きた不可解な出来事。

その日は、配送の帰路に中央道を走った。

深夜の走行後のことだったので、たいへん眠かった。速度を落とし、安全運転で走行車線を走っていた。時間は昼間の一時頃だったろうか。

ふと気づくと、目の前に赤い車が走っている。

おそらくは制限時速以下。私のトラックよりまだ遅いスピードだった。しばらくは後ろをついて走ったが、追い越し車線に入って追い抜くことにした。

少しアクセルを踏み込んで追い越し、数十メートル先で元の走行車線に戻ろうとサイドミラーを確認する。

すると……。

赤い車なんて、どこにもいない！　確かに追い越したのに。

助手席側の窓ごしに、赤い車を追い越したのは間違いなく確認している。

それなのに、なぜかミラーには映っていないのだ。

猛スピードで追い越したわけでもない。こちらも安全速度で、無理なく追い越した。もちろんその間サービスエリアもインターチェンジもなかった。

つまり、赤い車は忽然と姿を消したということになる。

何か気になったので私は速度を落とした。赤い車が追いついてくるかも知れないと思い、バックミラーを始終確認しながら待ってみた。

しかし、ついに現れることはなかった。

何だったんだろう？　何が起こったのか、車が神隠しのように消えてしまった。

後日、友人のトラック運転手にその話をしてみた。

「場所はどの辺りだ？」

興味をそそられたというより、何か知っている風に訊く。

「ああ、〇〇トンネルの辺りだったかなぁ……」

中央道には短いトンネルが断続的に続く箇所がある。

「ああ、その辺りよく出るらしいよ。有名だよ」

真顔で言われてしまった。

確かに、その辺りは雨が降るたびに事故が頻発する曰くの場所だった。

玉突き衝突のあげく車が燃えたりと、悲惨な事故が続いたと記憶する。

知り合いの大手運送の運転手は、車が燃えている中から「助けてくれ～！」と絶叫する声さえ聞いている。


問題のトンネルに近い辺りでの異変。

事故の犠牲となった中に、赤い車があったのかも知れない。

投稿者　ゆうゆ（男性）

怪談会場

ある年の秋、都内で怪談会が開かれた。

あいにく台風の影響で雨が降ったり止んだりという天候。厚い雲が垂れ込め、昼間でも薄暗かった。

怪談会は午後からで、Ｓ区の施設の一室が会場だった。細長い部屋に長机を縦に二本、それを二列に並べてある。奥には大きな窓があって、カーテンが引いてあり、部屋はやや薄暗かった。

私は入り口から見て右側の机の真ん中辺りに座った。左隣は、毎度のごとく怪談作家のＭさんがいた。

それが起きたのは、怪談会も終盤の午後九時半頃。

語り手の前に置かれた小さな灯り以外、部屋は真っ暗だった。そんな暗がりの中、Ｍさんがペットボトルからお茶を注いでいる様子が薄明りの中で見えた。

チャポチャポとお茶を注ぐ微かな音に釣られて、私は何気なくそっちを向いた。

ちょうどお茶を注いでいる手の辺りだった。

モワモワモワモワ……。

白い湯気のようなものが、ふいに立ち昇った。

ペットボトルのお茶は常温だから、湯気が上がるはずがない。声を上げそうになったが、まさに怪談語りの真っ最中、声を飲み込んだ。

（なんだ？　今のは……？）

呆気にとられ、語り手の話が耳に入ってこなくなった。


しばらくすると、突然明かりが点いた。

その人が最後の語り手だったようで、怪談会は終わったのだ。すぐに部屋の後片付けがはじまる。

当のMさんにその異変を話したのは、部屋を出て階段を下りていたとき。

とはいえ、Mさんは怪談作家である。奇妙な白い湯気ぐらいの異変では鼻も引っかけてくれなかった。

変な湯気を見たことは、帰りの方向が同じだった知り合いにも話した。しかし、彼も怪談会のばりばりの常連。そのぐらいのことは、へぇ〜のひと言で片づけられた。


次の日の朝、その白い湯気のようなモノのことを再び仔細に思い出した。

起きてぼーっとしていると、昨夜のその光景が蘇ってきたのだ。

暗闇の中、Mさんがお茶を注ぐ手の辺りから湯気のようなモノが立ち昇っていく様子。

それは本当に手の辺りだったのかと改めて思った。

もしかすると、もっと奥の暗がりだったかも知れない。

そう疑ったのは、忘れていたことを思い出したからだ。

それは、湯気のようなモノを見た何時間か前のこと。部屋が真っ暗になる前の夕方四時半ぐらいだった。向かいの机にいる人たちの目鼻だちがぼんやりわかる程度の明るさだったと思う。

隣りに座っていたMさんの真向かいに、黒い輪郭でしか認識できない参加者二人が座っていた。

その二人の後ろを『何か』が、スゥーっとよぎったのだ。

それも、ほとんど黒い濃淡から成る輪郭だった。

にもかかわらず、私には霊的なものというイメージがあった。

暗がりに滲むように見えたのは、肩の下まで伸びた髪だった。

その肩からは腕がすっと伸びていたように思う。暗い中、髪に隠れた横顔は見えない。

長い髪と背の高さ。何より肩から腕への丸いラインは女のものだった。


濃いグレーのものを纏った長い髪の女。


ただ、そんな女性が参加者の中にいた記憶はない。

前の席に座っている初参加らしき二人を除いて、ほとんどの参加者は面識があったり、どこかで見たりした顔ぶれである。

見知らぬ女性のことを誰かに確かめてみるにも、怪談語りの真っ最中である。また、初参加の二人に不用意なことを口にして怖がらせる訳にもいかない。

というか、私自身も意外だが、怖いという感情が湧かなかった。

あれほど典型的な幽霊っぽいモノを見るのは初めてだったからか、ただ呆気にとられていたように思う。


怪談会などをすると何かが寄ってくるというが、それだったのか。

じつは、怪談会が行われた建物の隣りは、何年か前に戦時中の骨が大量に発見されたところ。都内では心霊スポットになっているというのが、気になるところだ。

投稿者　ドゴン（男性・千葉県）

フリーズ

あれは私が会社に入社して、まだ日が浅い日のこと。

勤めていたのは小さな設計会社。

その頃はまだ高価であったにも関わらず、一人一台のパソコンを使っていた。社員の多くはかなりパソコンに精通しており、自在に使いこなしていた。

そんなある日のこと。

上司から図面のデータを修正するように言われた。大切な図面データなので、緊張しながら修正していた。

すると突然、私の背後に射るような視線を感じた。背中に冷気を感じたようにも思う。

(えっ、何?)と思った瞬間、ビタッとパソコンがフリーズしてしまった。背中の視線どころではなかった。まさかここで固まるかと慌てまくった。キーをいくら叩いても、死んだようにパソコンは反応しない。おまけに上書き保存もしていなかった。

結局、朝から今まで修正したデータは、消滅してしまう。

強制終了をかけ、再起動してまた一からやり直す羽目になった。当時のパソコンは、まだ処理能力もメモリーも不足がちだったので、こういうアクシデントは少なからず起きていた。

（あ～あ、今までの仕事がおじゃんだよ。参ったなぁ……）

いくらボヤいても、消えたデータはどうしようもない。気を取り直し、また図面を作り直すことにした。


気落ちしたまま、図面を呼び出して修正を加えはじめた。

しばらくすると、またさっきの嫌な『視線』のようなものを背中に感じる。

（ええ……また？）

不可解に思った瞬間、またフリーズしてしまったのだ。

そして、背後から誰かに見詰められている感は消えなかった。社員の誰かかも知れないと思い、そっと背後を振り返る。驚いた、というよりゾッとした。見たことのない髪の長い女が、じっと私を見据えている。

女は私を凝視しながら一言、「データに触れるな」と。

私は他の社員にも見えているのかと思って、周囲を見回した。

しかし、みんな黙々と自分の仕事に励んでいる。誰にも見えていない様子だった。

女の一言には、明らかに恨みや妬みのような含みがあった。いつからか私を背後からずっと見詰め、負の感情を放射していたのだろう。

背中に冷水を浴びせられたような感じだったのは、そのせいだったと理解した。

私が手を入れようとした図面と何らかの関連があることは想像できたが、詳しいことはわからなかった。


そして、引き金となった図面のデータだが……。

結局、計画が頓挫して使われなくなってしまったのだ。

私はほっとした。こんな因縁のありそうなデータ修正はやりたくなかったからだ。それからは何も起こらなかった。あの怪異はもう終わったのだと安心していた。

気を取り直して、毎日忙しく仕事をこなしていた。

あれから半年ほど経った頃だろうか、私の机の奥に誰かの写真が一枚挟まっていることに気づいた。

たぶん、この机を使っていた元社員の忘れものだろう。それは何人かの社員で撮った記念写真だった。

そして、見つけてしまった。その中に、私を凝視していたあの女性が写っていたのだ。

私はすべてを理解した。

投稿者　みさぽん（女性）

事故物件

怪談の中には事故物件の話が多い。

会社勤めの頃、都内の支店の営業課長からこんな話を聞いた。

彼は真面目な性格のうえ、超常現象などにはまったく興味がない人。

こっちに転勤してくる前は札幌支店にいた。その札幌に赴任した折のこと。会社があらかじめ確保してくれていたマンションに、家族で入居した。

何事もなく、一ヶ月ほど経った頃だった。

いつも彼は仕事の後、飲んで帰ることが多かった。といっても深酒ではなく、零時までには帰宅するというもの。奥さんとまだ小さかった子供は、玄関を入ってすぐの部屋に寝ている。

彼は二人を起こさないよう、トイレ、キッチンと迂回しながら奥の部屋に入った。パジャマに着替えて布団に潜り込む。

すると、ものの五分も経たないうちに、キッチンでガタンと大きな音がした。寝ている妻も起きてしまうのではないか、というくらいの音だった。

木の椅子が倒れたのかと思ったが、その後は何の音もしない。気にはなったが、眠気が勝っていたので起きて調べるのも面倒だった。そのまま寝てしまおうと、目を閉じようとした。

すると、キッチンと彼が寝ている部屋の襖がスウっと開く。

さっきの音で起きた妻だと思った。

めずらしくパジャマではなく、ネグリジェを着ている。その時点でおかしいと思わなければいけなかったが、なにしろ眠いし、酒が回っている。妻が何を着てようがどうでもよく、また目を閉じた。

妻は黙って部屋に入ってきて、彼の枕元に正座したようだ。何も言わずじっと上から見詰めている気配がする。

いよいよ、おかしい。きっと、何か言いたいことがあるに違いないと思った。何か怒っているのかも知れない。なぜ黙ったままなのか、不可解だった。

こちらから声をかけようかと思ったとき、黙っていた妻はいきなりシクシクと泣き出したではないか。

ますますおかしい。彼は酔いも醒めて、あれこれと思いを巡らした。目は閉じたまま、なんとなく今は声をかけない方がいいような気がした。

すると、妻は顔をぐっと近づけてきたような気配があった。

思わず薄目を開けてしまった。妻の様子を確かめようとした。部屋が暗くてよくわからなかったが、その顔は妻ではなかった。顔の造作も違うし、目が吊り上がっている。


誰かを心底恨んでいるような、怖ろしい形相で凝視していたのだ。


彼は仰天して、反射的に両手両足でその女を突き飛ばした。

突き飛ばしたということは、実体を感じたということになる。

あろうことか、女は怯まず布団の上をにじり寄って来る。彼はパニックになり、大声を上げながら、両手両足をばたつかせて女を撃退しようとした。

しかし、女に手足がぶつかる度に彼の体が押し返され、どんどん壁際に追い詰められていく。頭の中が真っ白になった。

そのとき、騒動を知った奥さんが、部屋に飛び込んできた。

壁際で暴れている彼を抱きすくめる。

「パパ、どうしたの！　何やってるの！」

必死に彼を押さえようとするが、なにしろパニックになった男の力だ。奥さんは彼が無茶苦茶に振り回す手でぼこぼこにされた。

しばらくして、やっと彼は気を取り直し、ようやく異変が収まっていることに気づいた。

いつの間にか、あの女は消えていた。


彼は詫びながら、奥さんに一部始終を話した。すると。

「その人、もしかしたら、私も見たことあるかも」

予想もしなかったことを言う。

数日前、子供と二人で先に寝ていたところ、誰かが足首を掴んでいることに気づいたというのだ。

はじめは、彼が帰ってきて悪戯しているのかと思った。しかし、それが勘違いだったことは次の瞬間にわかった。

いきなり物凄い力を両手に込め、ぐいっと足を引っ張ったのだ。奥さんの頭は、その勢いで掛け布団の中まで、ずぼっと引き込まれてしまった。

「ちょっと、あんた！　何すんのよ！」

いきなりの乱暴に、奥さんは怒った。

布団をはねのけて起き上がると、それは彼ではなかった。

見ず知らずの女が、目を吊り上げて床に這いつくばったまま、両足首をしっかり握っていたのだ。

しかも、その女は上半身だけが壁から生えていた。下半身は壁の中に埋もれている。

「うわぁっ！」

奥さんは絶叫し、必死に足をばたつかせた。

女はあきらめたように手を離し、すうっと壁の中に吸い込まれるように消えていったらしい。

こんな話をしても誰も信じないだろうから、黙っていたという。


夫婦で話した結果、彼の前に現れた女と同じ女だろうという結論に達した。これはあまりにも危険である。必要なものだけをスーツケースに入れ、深夜ではあったが子供を起こし、即刻マンションから逃げ出した。

しばらくはホテルに泊まり、引越しをすることにした。

その後、不動産屋を通じて調べてみたところ、最悪の事実がわかった。

そのマンションの部屋の元住人は女性で、一人で住んでいたらしい。恋愛問題を苦にして、キッチンで首を吊ったのだという。

彼があの夜聞いたガタン！　という大きな音。それは首を括ったときに、足で椅子を蹴った音が再現されたのだと解釈できた。

いわゆる、完璧な事故物件である。

その女は悲しいことにその部屋で、同じ自殺を何度も繰り返しているのかも知れない。

投稿者　桃源坊（男性）

自転車のベル

当時、山形県U市には中学校が一校しかなかった。

かなり遠方の者だけに、バス通学や自転車通学が許されていた。私は中途半端な距離のところに住んでいたので歩くしかなかった。

そんなある日のこと。

仲間二人と悪知恵を働かせた。学校の近くまで自転車で行き、河原の橋の下に自転車を隠してそこから歩くということを考えた。

同級生の仲間は私の案に賛成し、誰にも見られないよう通学時間を早めて行くことにした。

翌朝早く、三人は橋の下に自転車を隠し、何食わぬ顔で学校へ行った。この作戦はうまくいき、それからは毎日繰り返した。

一週間ほど経ったある日、私は補習のため居残り組になってしまった。

居残り組の補修は夕方六時を過ぎて終わり、薄暗くなった誰もいない学校から、一人でとぼとぼと歩くしかなかった。

やっと橋の近くまで来たが、もう辺りは真っ暗。懐中電灯がないと何も見えない状態になっていた。必死で暗闇に目を凝らし、自転車の隠してある場所まで近づいたときだった。

チリン、チリン……。

橋の下は川の流れの音しか聞こえないはずなのに、川の音と一緒に自転車の呼び鈴の音が聞こえたのだ。

はじめは橋の上で、誰かが自転車に乗って鳴らしたのかと思った。自分の自転車に近づき、辺りを窺いながら鍵を開けて乗ろうとした。

するとまた、チリン、チリン。

私の後ろの方から聞こえた。

自分と同じように自転車を隠して通学してるヤツがいるのだと思い、音のした方に顔を向けて姿を探した。しかし、誰もいない。自転車もない。ただ、川の流れる音と闇が広がっているだけだった。

私は気持ち悪くなった。

急いで帰ろうと、土手の急斜面を橋のところまで自転車を引っ張り上げる。よし、もう大丈夫だと全力でこぎはじめた。橋を渡って大通りに出たところで、自転車をこぐスピードを緩めた。

すると、どこからともなく、またチリン、チリンという自転車のベルの音。

音のする方を振り返っても、やはりそこには誰もいない。

言い知れぬ恐怖にかられ、また全力でこぎはじめる。すると、前方から眩しい光が急接近してきた。避けられなかった。ドーンという音とともに、私の体は宙に浮き、意識を失った。交通事故である。

車にはねられ救急車で病院に運ばれたが、搬送中にも、なぜかベルの音が途切れず鳴っていた。

緊急病棟に運ばれ、左足と右手、胸と頭に包帯が巻かれた。やがて、両親や祖母が病院に駆けつけて来た。医師が全治二か月と親に報告している声が聞こえる。しかし、私は自分の体よりも自転車のことが気になった。

「オレの自転車どうなった?」

「バラバラになって使い物にならん!」

父は私を睨みつけるように吐き捨てた。

「大型トラックに轢かれて、生きていたのが不思議です」

医師はそう補足した。

「ご先祖様が助けてくれたんだよ」

祖母は涙ぐみながら繰り返す。

全身にダメージを受け、身動きできない状態の私は眠くなり、そのまま気を失うように目を閉じた。


ただ、異変は終わっていなかった。


看護師がやって来て夜中の検温が終わり、また眠ろうとしたときだった。

私の耳に遠くから、聞き覚えのある音が聞こえてきた。

チリン……チリン……。

私は車にはねられる前の経緯を思い出し、その恐怖に怯えた。

音はだんだん近づいてくる。左には病室のドアがある。そちらの方から聞こえてくるような気がした。

どうして病院まであの音が聞こえるのだ？　もしかして、自分についてきているのか？

と疑った。不思議な気持ちと恐怖が交差した途端。とうとう病室のドアの前で、チリン、チリンとベルの音がした。

錯覚ではない。

間違いなく、河原のあの音がついてきている。

そう結論づけると、一気に焦燥感が駆け上がってきた。逃げ出そうと手足をばたつかせるが、固定具のために身動きができない。どうしようもなく、左手の近くのナースコールを連打した。

病室のドアが軋むようにゆっくりと開きはじめている。

何かが、入ってこようとしていた。もうだめかも知れない。覚悟したとき、看護師が電気を点けて、「どうしました？」と、そのドアを大きく開けて入ってきた。

「助かった」

私は安堵した。

「今、ドアのそばにヘンなものがいませんでしたか？」

疑問に思っていたことを尋ねる。

「何のこと？　この病室はＩＣＵといって集中治療室だから、ドアとナースステーションはつながっているのよ。何かあればすぐにわかるわ」

少し微笑みを浮かべながら、諭すように言う。

看護師が脈拍を計ると200近くになっていた。医師が飛んできて、看護師に「血圧降下と鎮静剤を」と指示する。

「血圧が高いねぇ。トラックにひかれる夢でも見たのかな」

そう言って医師が去って行こうとしたので、私はすかさず訊いてみた。

「あの、先生！　自転車のベルが聞こえませんでしたか?」

「ここは病院で、三階の病室だから聞こえるわけがないですよ」

医師は何を馬鹿なことを言っているのだという顔をして、そそくさと病室から出て行った。

ただ、それからは毎晩だった。

チリンチリンという音が遠くから聞こえはじめ、やがて病室の前まで来る。私はその度に看護師を呼ぶ。それを一週間繰り返した。

毎夜のことだったので、医師は家族が見舞いに来た折りに「ご両親のどちらかの付き添いは無理ですか?」と申し出た。その発言に私も安心した。

やがて一般病棟に移り、母と父が交代で病室に付き添うことになった。

母が泊まった夜のこと。夜中の検温と血圧測定の後、脇の付き添い用の簡易ベッドに母が寝ている安心感からか私はすぐ眠りに落ちた。

ところが二時間もすると、またアレがはじまった。

チリンチリンと鳴る音が部屋に近づいて来る。母が居ようが居まいが関係なかった。

私は身動きできないベッドの上で、なんとか母を起こそうとした。しかし、いくら声を出しても起きてくれない。

（どうして？　どうして起きない？）

その間もいつもの恐怖が再現されていく。近づいて来たチリンチリンという音は、病室の前で止まった。暗い部屋の中で、音もなくドアが開くのが見えた。

（来る！　来る！）

どんな化け物が入って来るのかわからない恐怖に襲われる。

ナースコールを押そうと周りを探したが、ない。母が来たことで手の届かないところに吊るしてあるのだ。

ドアがゆっくり開いていく。私は恐怖で声も出なくなった。骨折していない手と足を無様にバタつかせるだけだった。

とうとうドアは大きく開いた。ドアの外は真っ暗だった。その暗闇に靄のような白い何かがいた。その正体を見たとき、気を失いそうになった。


小さな男の子が、補助輪の付いた自転車をこいでいた。

時折り、チリンチリンとベルを鳴らしながら近づいて来る。

もう目の前だった。男の子は私を上目遣いで見て、ニヤっと笑った。

『ねぇ、お兄ちゃん、僕と遊んでくれるんでしょう？』

有り得ないことを口にする。

怪我をした私の左足と右手はもちろん、全身が痺れて動かない。母は相変わらず隣のベッドで寝ている。私は必死に母を呼ぶものの、声は乾ききって音にならない。

（こんな体で、どうやって遊ぶんだよ？）

私は開き直っていたのかも知れない。心の中で、そんな自棄な質問を子供に投げかけていた。

すると『こうしてだよ』と、男の子は寝ている私の足の上に這い上がってきたのだ。

怪我をしていない右足の上に跨り、その右足をさすりながら呟く。

『僕と遊んでくれないから、こんな風になったんだよ』

そう言いながらさすっていた右足に、信じられないような大きな口を開けて齧りついてきた。

なぜか痛みはなかったが、物凄く驚いた。思わず右足で毛布を蹴り上げた。すると、シュッと子供の姿は消えた。脇で寝ていた母が目をこすりながら起きてきた。

「寝られないのかい？　毛布を蹴飛ばしたりして」

眠そうにそう言うと、毛布を拾いあげ私の足元に畳んで置いた。

「子供はどこ？　子供がベッドの下にいないか？」

私は慌てて母に訊いた。

はぁ？　という顔で母はベッドの下をちらっと覗いたが、呆れたように答えた。

「お前、おかしいんじゃない？　子供なんていやしないよ。早く寝なさい」

欠伸まじりにそう言うと、また寝はじめた。


どうやら私にしか見えていないのか、それとも幻覚だったのか思った。

おそらく大怪我の影響による夢かも知れないが、それにしてはリアル過ぎた。

そんな異常が十日間も続くと、さすがに昼間に寝て、夜起きるというサイクルになる。

両親は仕事で忙しく、祖母が泊まることになった。

（もしかして、お婆さんには見えるかも）

ふとそう思い、祖母にありのままを話した。

「ふ〜ん、そうかい。どうやら本当のようだね」

黙って聞いていた祖母は、私の目を見詰めながらそう言った。

「もう怖がらなくてもいいよ。私が来ないようにしてあげるから」

にこやかに微笑みながら安心させるように言う。


そして、二日目の夜が来た。

私の耳にまたチリンチリンというベルが聞こえた。

肝心の祖母は簡易ベッドで寝ている。時計を見ると夜中の一時。

（来る！　来る！　来るよ！）

私は心の中で叫んだ。

声は出ない。左腕をバタバタ無益に動かすだけだった。

ベッドの左脇から自転車を降りた子供の手が伸びる。ヤバイ、もうダメかもと観念した。

そのときだった。寝ていた祖母がむくっと起き上がり、こちらに向けて何かの粉を撒いた。

自転車の子供の手に粉がかかった。シューッという感じで湯気が出て、子供の腕が溶けはじめた。そして、祖母は子供に強く迫った。

「お前どこの子だ？　うちの孫に悪さをするんじゃないよ！」

そう宣告して、その粉を子供の頭めがけてかけた。

『ギャヤヤヤヤヤーっ！』

物凄い声が病室に響いた。

しかし、それが聞こえているのは私と祖母だけ。周りは静まり返り、患者たちは何も知らずに寝ている。

粉をかけられた子供は、『憎い……憎い……』と、歯ぎしりしながら消えていった。祖母は子供が消えるのを待って、今度は私を見据えた。

「お前、あの子供に何かしなかったかい？」

怖い顔をして問い質す。

私は今までの知っている限りのことを話した。

「ふ〜ん、そうかい。お前が何かしない限り、ここまで憑いてくることはないんだけどねぇ。まぁいい、今日はお休み。また後で話そう」

そう言うと、また隣のベッドに戻っていった。

しかし、私は祖母のどこか納得していない様子が気になっていた。

朝が来ると、また病院の一日がはじまる。

点滴の交換や検温、血圧測定、そして食事。

昼過ぎには二人の自転車仲間が訪ねてきた。昨夜の祖母の受け答えを思い出し、自転車を隠していた河原や橋や、私が事故に遭った辺りに異変がなかったかを尋ねてみた。

「別にぃ……。そんなの、よく見てないからわからないよ」

最初は無頓着だったが、一人があることを思い出した。

「そういやぁ、お前の事故った辺りに、また花が添えられていたなぁ」

私は「それだ」と思った。

いつのことだったかは忘れたが、いつもの三人のとき、確か花の飾ってある缶を私が蹴っ飛ばしたことを思い出した。

すぐに祖母を呼び出してそのことを伝えた。祖母は帰りにお父さんとその辺りを見てくると病院を後にした。

父もその供花のことは知っていた。この場所で交通事故にあって死んだ幼児を弔うものだということだった。

自転車の子供の正体と出現した理由が明白になった。

さて、私の怪我は祖母が粉をかけて助けてくれたお陰で、急速に回復した。一か月半で退院の運びになった。

松葉杖のまま、私は事故に遭った現場を訪れた。萎れた供花が残されていた。私はそのことを反省し、心が痛んだ。花瓶と花を買い、子供の事故現場に供えた。そして、祈った。

祖母に訊いてわかったことだが、病院で幽霊にかけた粉は仏壇の線香の燃えかすだったという。

投稿者　ＭＡＳＡ（男性・タイ）

聴

ごく日常的な音が、パニックを誘うほど豹変する。
何も起こり得るはずなき時間と空間から湧き上がる異音。
澱んだ冷気が針となり、鼓膜の底に突き刺さる。

打ち上げ花火

大阪と奈良を隔てる生駒山には、頂上に遊園地がある
そこから眺める大阪方面の夜景は美しく、ファミリーやカップルには大人気ではあるが、それは表の顔。

この生駒山は最古といわれる霊場とされ、神々の山と称されている。

生駒の聖天さんとして有名な寶山寺をはじめ、麓から頂上をめざす山道のそこここに数百ともいわれる宗教施設が集まっているのだ。その多くはすでに打ち捨てられ、廃墟になっている施設、霊場ではあるが。

そんな裏の顔を持つ山域のせいか、心霊スポットと呼ばれる場所もあるようだ。

さて、私が大学生だった頃だから数十年も前のこと。

未だに不可解だと思う体験をした。

その日の夕方、学食でダべっていたら、誰かが生駒遊園地へ行こうと言い出した。

夏は生駒の山頂にある遊園地は、その頃から夜間営業をしていた。無粋な男同士で車に分乗し、山頂へ向かった。

途中、見晴らしのいい展望台があったので、車を停め夜景を眺めることにする。思ったとおりカップルが多かったので、意識しつつ馬鹿騒ぎをしていた。

私は缶コーヒー片手にタバコをふかし、ヤンキー座りをしてワルを装っていた。

そのとき、背後の夜空がパッと明るくなった。

何だと思って振り返ると、空一面に大輪の花火が開いている。どこから打ち上げたのかはわからないが、その見事さに見とれてしまった。

花火の季節でもないし、平日の夜である。なぜ花火が打ち上げられているのかは知らなかったが、とにかく美しかった。

しばらくすると、また新たな花火が大きく開く。

それに見とれていると、何かおかしいことに気づいた。


花火が打ち上げられたときの、あの爆発音がないのだ。

音がまったくしないまま、花火の華だけが次々と夜空を染めていく。

それは異様な光景だった。

私は思わず友人達の方を振り返った。しかし、誰ひとり花火を見ていなかった。これほど夜空を焦がしているのに、誰も気づいていないかのように、夜景を見て騒いでいる。

（……花火の幽霊か？）

有り得ない情景である。胃がキュッと縮むような言い知れぬ恐怖があった。

私は見てはいけないものを見ていたのかと思った。二度と後ろを振り向かなかった。顔を足元に向け、夜空を視界に入れないようにした。

あの花火を見ていると、とんでもないことが起こる予感がしたのだ。


ふと友達の一人が、私の様子がおかしいことに気づいた。

「おい、どうした？」心配そうに声をかけてくる。

「なんか気分が悪い」それだけ答えた。

嘘ではなかった。全身に悪寒を感じていたのだ。

それから家に帰って三日間、高熱を出して寝込んでしまった。

投稿者　ＳＩＮ（男性・大阪府）

電話連絡

友人の小西君（仮名）から聞いた奇妙な出来事。

それは新婚生活中に起こったことだという。

平穏なある日、自宅に電話がかかってきた。

相手は奥さんが親しくしていた大学の友達で、綾子さん（仮名）という女性。彼もよく知っている人だった。

明日、奥さんの大学の同窓会があるのは知っていた。たぶんその待ち合わせなどの連絡だろうと思い、すぐ奥さんに電話を代わった。

ところが奥さんの口調は弾まず、がっかりしたような雰囲気。すぐに電話を切ってしまう。

どうしたのか訊くと、綾子さんは急に都合が悪くなったらしい。

自分は行けないから、みんなによろしく伝えてほしいという連絡だったそうだ。

それだけ手短に言うと、理由も告げずにそそくさと電話を切ったという。

翌日、奥さんは同窓会に出かけた。

夜になって帰ってきたところに、すぐ出席していた別の同級生の女友達から電話がかかってきた。

「ねえ、あなたさぁ、昨日の夕方、綾子さんから今日の同窓会に行けなくなったっていう電話があったと言ってたわよね？」

唐突にそんなことを訊く。しかも、声が暗い。

「うん、そうだよ。なんで？」

しばらく間があってから、耳を疑うことを聞かされた。

「あの子……死んだらしいのよ」

「え……？」

「電車に飛び込んだのよ。自殺らしいわ。昨日の夕刊見てご覧なさいよ」

電話を保留にしたまま、奥さんと小西君は慌てて前日の夕刊を広げてみた。確かに自殺の記事が小さく載っている。

「同窓会の幹事のところに、家族からさっき連絡があったらしいの。その記事、彼女のことなのよ」

これには、二人ともびっくりした。

信じがたい展開に、悲しみさえ感じなかった。

ショッキングな連絡を受けてから、二人はもう一度新聞記事を熟読し、昨日のことを思い出してみた。

綾子さんから電話があったのは、紛れもなく前日の夕方だった。

小西君も奥さんも、別段綾子さんの様子にヘンなところはなかったと記憶している。強いて言えば、やや暗い感じがしたぐらいか。

ただ、大きな違和感が残っていた。どうしても時間が合わないのだ。

新聞記事によると、綾子さんが電車に飛び込んだのは、前日の始発に近い電車だったらしい。

ところが、彼らに綾子さんから電話があったのは夕方……。

死んでから二人に接触してきた、ということになる。

新聞記事の時間が間違っているのではないか？　とも疑ったが、正確な報道を期す新聞がミスする訳がないだろう。

気にはなったが、二人は正確な綾子さんが電車に飛び込んだ時間をあえて詮索しようとはしなかった。

綾子さんが電話をしてきたのは事実だし、彼女が亡くなったのも事実である。時間など、もういいと思った。どちらにしても切な過ぎたからだ。

投稿者　桃源坊（男性）

ヘンな家

昔住んでいた実家は、本当にヘンだった。

父親の転勤が終わって、家族は祖母が一人で住んでいた実家に戻った。ただ、この家には問題があった。まずは頻繁に起きる家鳴りである。まだ私も弟も子供だったので、バキバキと家鳴りする家は不気味だった。夜寝ているといきなり鳴ることが多く、私は原因がわからず怯える毎日だった。

「木造の古い家だからなぁ。材木が中で割れて、あんな音がするのさ」

父親の理論立てた説明になんとなく安心し、そういうことかと思った。ただ、この家を覆う感覚的な薄気味悪さは消えることはなかった。

中学になると、私はひとり二階で寝るようになった。

二階には八畳、六畳、三畳の三部屋がある。いつも三畳の小部屋で勉強して、六畳の和室で寝ていた。八畳の部屋とは続き部屋になっていて、いつも襖をきっちりと閉めている。

その八畳の座敷は、祖母がお茶の稽古に使っていた部屋。窓もあるので昼間は何も感じないのだが、暗くなるとなんとなく不気味だった。

ある夜、三畳で勉強をしていると、少しずつ窓がビリビリ揺れはじめたことがあった。

誰かが外から窓枠を握って揺すっているような感じだった。始めは微細に、だんだん強くカタカタと揺れたのだ。

地震かなと思った。または大型トラックが走って来るのかとも。反射的に電灯の傘を見たがまったく揺れていない。ただ、窓だけが長い間音を立てて振動していた。

私はわざわざ階下に降りていき「さっき地震があった?」と訊いてみた。

しかし、誰も「そんなものはない」と答える。

では、あの窓の揺れは何だったのか……。不思議でたまらなかった。

中でも、いちばん不気味だったのは足音である。

毎日ではないが、ときどき聞こえていた。勉強をしていると、階段をトントンとゆっくり上がって来る足音がする。しかし、誰もいない。

よく用事で母親が上がって来るので、始めのうちは気にもしていなかった。だが、階段の上り口を確かめると、誰もいないというのが常だった。

（いつの間に降りていったのだろう？）と思うだけで、そのときはあまり詮索もしなかった。母親に訊いても「はぁ？」と言うだけだった。

そして決定的なことがあったのは、寝ようと目を閉じていたとき。


ポツン、ポツンと雨だれのような音がする。


その日は雨も降っていないし、雨樋に水が溜まっているはずもなかった。気にしないでおこうとすると、余計に気になる。耳を澄ましてみると、どうやら隣の八畳の座敷らしい。

私はそっと起きて隣部屋の襖を開けた。奥にある床の間の壁の方から聞こえてくる。やっぱり雨樋かと思った。壁の外には縦に雨樋が通っているからだ。

寝ている間に雨が降ったのかと、横の窓を開けてみた。ところが雨が降った形跡もないし、窓も外壁も乾いている。水音などするはずがないのだ。

これ以上ここにいると、何かよくないことが起こりそうな気がした。

もはや二階で寝ることなど、怖くてできなくなった。夜中だったが、布団を全部階下の部屋に運び降ろした。それからはずっと一階の部屋を使うようになった。

私が強引に一階の部屋を使うようになったので、弟は入れ替わりに二階の部屋に移った。弟には幸い霊感のようなものはなかったようだ。だから、異変が起きていてもよくわかっていなかったかも知れない。あまり事件は起きなかった。ときどき、二階から「だれ？」と大声で叫ぶ以外は。

投稿者　ｙｕｒａｙｕｒａ（女性）

死んだんか？

母方の八十五歳になる祖母が、山形県K町の自宅で突然亡くなった。

家族が朝起きて、様子を見に行くと息をしていなかったという。突然死だったので、警察を呼ぶことになり大変だったらしい。


バタバタしながら葬儀屋を頼む。遺体を搬送してもらい、亡くなった部屋を片付けてから、やっと親戚に連絡をすることができた。

お婆ちゃんの部屋の片付けを手伝ったのは内孫だった。

小さい頃、可愛がってくれたお婆ちゃんのことを思いながら、寂しく後片付けをしたのだと思う。

通夜の準備も済んだので、いったん私は自宅に帰った。溜まっていた洗濯物を干しているとき、ふと声が聞こえた。

「……なぁ……なぁ、わたしは死んだんか？」

洗濯物を干す背後から、聞き覚えのある声がした。

「……本当に死んだんか？」

それは間違いなく、亡くなったお婆ちゃんの声だった。

この不思議な話は、すぐ家族や親戚中に知れ渡った。

そんなことがまた起こるかも知れないという空気になり、親族みんなに連絡が回ったようだ。

霊感のある親族からは、万一祖母が訪ねて来たら『あなたは死んだんだよ』と諭すようにと言われた。


さて、葬式の当日。異変はすでに会場で起きていた。

いちばん怖れたのは、私以外に『見える』人がいると、ちょっとした騒ぎになるかも知れないということだった。

というのも、私にはお婆ちゃんの姿が『見えて』いたからだ。

葬儀会場の祭壇の前。

自分の遺体の横に、当のお婆ちゃんはいた。

小さな体でちんと座り、参列者にいちいち丁寧にお辞儀をしている。

それに気づいた私は慌てた。

もし誰かこの異変に気づく人がいると大変である。親族ならまだしも、近所の人だったりするとパニックになる。

私は何気なさを装って祭壇に近づいた。お婆ちゃんに、そこに座っていることを控えるようにこっそり伝えた。困ったことがあるのなら、ちゃんと聞くからとも言った。

すると、お婆ちゃんは、私の頭の中に直接伝えてきた。

どうやら朝起きたら、魂が体から抜けていたらしい。

何がなんだかさっぱりわからず混乱した。部屋にいる伯母や孫や警察の人に事情を聞こうと話しかけても、まったく気づいてもらえなかった。お婆ちゃんは、自分が亡くなっているのが認識できてなかった。みんなに無視されて、途方に暮れるしかなかった。

その後、どんどん部屋が片付けられ、祭壇が設営されていくのをそばで『見て』いるだけだったと嘆く。

居場所が無くなったお婆ちゃんは困り果ててしまう。

そこで、お婆ちゃんのベッドを片付けていた内孫に憑いて、自分はどうなったのかを誰かに訊きに行ったということだった。
お婆ちゃんは自分の葬式に出て、火葬が終わるとやっと状況が飲み込めたようだった。死んだことがわかったのか、やっと落ち着き、大人しくしていた。

投稿者　幸葉（女性・福島県）

謎の出来事

あれが起こるまで、我々家族は大分県のS市で平穏な毎日を過ごしていた。

ことの起こりはある日の夜。

二階にいた父が突然、地震だと騒ぎながら慌てて階下へ降りてきた。茶の間でくつろいでいたみんなは呆気にとられた。一ミリも揺れていないし、ガタガタという音もしていない。

父が寝惚けたのかと問い質すと、そこそこ大きな地震だったという。真面目な父だし、家族をからかっている様子はなかった。念のために、テレビの画面を見ても地震速報は流れていない。

父が言うには、襖が勢いよくバタバタバタバタ！　と音を立てて揺れ動いたというのだ。訳がわからなかったが、その場は隙間風か父の勘違いだろうということで収まった。

そんなことも忘れていた頃、今度は父の姉が妙なことを言う。

さっきから廊下を走り回っている音がするというのだ。ドタバタとうるさいので、いったい誰が騒いでいるのかと少しキレ気味に怒っている。

しかし、誰も廊下を走っていないし、私をはじめ兄も父も母もみんな一緒に茶の間でテレビを見ていた。

もちろん部外者が侵入して暴れたということもない。これもまったく謎の出来事だった。

さらに、しばらく経ったある日のこと。

私は兄と喧嘩して二階の部屋に閉じこもっていた。すると、勢いよくドタドタと音を立てて階段を上がってくる足音がする。まだ怒っている兄が、これ見よがしに乱暴に上がってきたのだろうと思った。

騒々しい足音は、ピタっと私の部屋の前で止まる。

怒鳴り込んで来るのかと、息を殺して様子を窺っていた。ところが、いつまで経っても部屋に入って来る気配はない。シーンと静まり返っているだけだった。

おかしいなと思い、部屋の扉をそっと開けてみる。誰もいない。廊下にも階段にも人の姿はなかった。

廊下を挟んでもうひとつ部屋があるので開けてみたが、やはり誰もいなかった。

驚いて階下に降りていくと、なんと兄も家族と一緒に茶の間にいた。さっき誰か二階に来たかと訊いても、みんなずっとここにいるとのことだった。

このように我が家は突如、お化け屋敷のようになってしまった。

それからも奇妙な物音がしたり、『誰か』が歩く足音がしたりが日常的に起きるようになった。

堪りかねた父の姉が霊媒師に家を見てもらった。すると、その霊媒師は予想もしないことを指摘した。

この家の水神様が怒っている、というのだ。

オカルティックな結論に、はぁ？　何？　と思ったが、じつは家族全員に心当たりがあった。原因はそれかも知れないと思った。

異変が起きはじめた数か月前、市役所の人が来て、家の前の道の下に防火水槽を作りたいと言ってきた。水槽は大きく、うちの敷地の下に少し入ってしまうので許可してほしいとのことだった。

公共的なことだし、少しくらいなら地下のことだから良いと親たちは返事をした。ところが、少しどころか、ほぼ敷地の下すべてに防火水槽を作ってしまったのだ。つまり、家の下はすっぽりと防火水槽に占拠されたということになる。

これでは水脈も断たれてしまう。家の水を守って来た水神様が、居場所を無くしたらしいということは理解できた。

あの異変の数々が水神様の仕業だったのか、異なる原因だったのかはわからないが、あまりにも不可解だったことに変わりはない。

結局、裁判沙汰になり、その家は市が買い取ることになった。

投稿者　エス（男性・大分県）

連日連夜

ただの夢の話である。

聞きようによっては、夢の話など怪しくもなんともない。

だが、この話のように意味がわからなかった展開が、後でおぞましくピースがはまる場合がある。


いつものように、私は東京四谷にある昭和チックなスナックで、ひとりウイスキーを飲んでいた。そこへ常連のNさんが、ふらりと入ってきた。

彼に会うのはかなり久しぶりだった。記憶の中にあるNさんよりも、ずいぶん痩せて顔色が悪いように思えた。

そんな私の目の色を読んだのか、彼はぼそっと呟いた。

「ずいぶん忙しかったもので……」

何も聞いてないのに、こっちを見ずに言い訳のように口を開く。

彼はプログラミングの仕事をしている。

年度の終わりや、大きなシステム開発ともなると、幾晩も徹夜が続くことがあるそうだ。

今回は、長期で伊勢長島へ出張滞在しての仕事だったという。

彼は何かを吹っ切るようにウイスキーを呷ると、奇妙な話をはじめた。

連日、深夜零時を過ぎるまで仕事をし、雑巾のように疲れて定宿のビジネスホテルに戻ってきては倒れこむように眠っていたそうだ。

そして、必ず夢を見た。毎回、同じ夢だった。

明け方近く、急に息苦しくなって目を開ける。これも夢の続きなのだが、胸の上に老婆がまたがっているそうだ。

老婆は骨と皮に痩せ細った腕を伸ばし、ぐいぐいと首を絞めてくる。

灰色に汚れまくって破れた粗末な着物。歯は抜け落ち、顔には深いしわが幾重にも刻まれている。白髪の頭髪は乱れに乱れ、埃まみれだった。


そして、くわっと口を開け、何か大声で喚いている。

声が割れて聞きずらかったが、それがわかったとき怖気が走った。

「南無阿弥陀仏！　南無阿弥陀仏！」

老婆はそう叫んでいたのだ。夢の中で老婆を跳ね飛ばし、その瞬間、目が覚めた。

一日目は奇妙な夢を見てしまったなぁ、で終わった。

しかし、次の夜もまったく同じ老婆が夢に現れる。その次の夜も、その次の夜も悪夢はずっと続いた。

やっと仕事が終わり、東京に帰るまでそれは続いたという。

「その部屋、アタリの部屋だったんじゃないですか？」

「いや、そんなことより、おかしいと思いません？」

私が問うと、彼は思いがけない疑問を口にする。

「南無阿弥陀仏って、首を絞められているこっちが言うセリフじゃないですか。なぜ、あの婆さんが唱えるんです？　意味がわからない。まるで呪文のようでしたよ」

確かに辻褄が合わなかった。

お経というのは、神仏の加護を得るために唱えるもの。幽霊側が唱えるというのは確かにおかしい。

何とも言えない齟齬感を残したまま、その話はそれで終わった。

ところが後日、ふと思い当たる事実を知った。これかと思った。

彼の出張先は伊勢長島。

ここは戦国の世に、織田信長が一向一揆の騒乱を鎮めるため、女子供かまわず斬殺し、皆殺しにした地だった。

一向宗門徒は、南無阿弥陀仏を唱えつつ、信長の軍勢に抵抗したと歴史にある。

そして、連夜の奇妙な悪夢に苛まれたNさんの名前。

それは織田家の高名な武将と同じ珍しい苗字だったのだ。

投稿者　かん（男性・東京都）

祖母のメッセージ

この不思議な体験は、私の人生観に大きな影響を与えた。

当時、母は兵庫県明石市にある私の家と香川県高松市にある実家を週一回のペースで往復していた。

祖父が他界したあと、祖母も体調が不安定となり入院してしまったからだ。身内の中で、身動きが取りやすかった母が定期的に足を運ぶことになった。

もう成人になっていた私も、兄弟でよく同行した。そんな生活が半年ほど続いたが、とうとう祖母も亡くなってしまう。

香川の母の実家に地元の親戚たちが集まり、葬式が執り行われた。そして不思議な出来事は、この葬式のときに起きる。

つつがなく葬儀が終わり、親戚みんなで揃って昼食をとっていた。

祖母の思い出話などをしていたのだが、突然点けていたテレビがプツンと消える。はじめはテレビの故障かと思った。

昼間なので部屋は明るかったせいか誰も気づかなかったが、食事のときに点けていた照明もコタツも、また、少し離れた台所の照明も消えていた。やっとみんなは停電だとわかった。

停電でも、昼過ぎだし特に支障がある訳ではなかった。食後のあとでブレーカーを確認しにいくことにして、そのまま食事を続けた。

ただ、叔父だけは違和感を覚えていた。叔父は不思議そうにある事実を口にした。

「だけどよぉ、何であのぼんぼりは点いてんだぁ？」

その場の空気は一気にシュッと緊張した。

ぼんぼりとは、仏壇の左右に置く丸い回転する提灯のようなもの。中の電球がクルクルと回転することで、いろんな色で彩られた提灯紙を通して、辺りをきれいな照明で彩るという仏具である。

そのぼんぼりが、敷居を隔てた薄暗い隣の仏間で点灯していたのだ。

停電のはずである。ぼんぼりだけに電気が来ているはずがない。

しかし、誰ひとり停電という言葉は禁句のように口にしなかった。ただ黙って、仏間を彩るその照明を不思議というより、不気味に感じながら箸を止めて見詰めるだけだった。

そのとき。

ジリリリリーン！　ジリリリリーン！

凍ったような空気を切り裂き、座敷の黒電話がけたたましく鳴り響いた。

あまりものタイミングに、全員がビクッとする。今度は鳴り響く黒電話にみんなの視線が集中した。

なぜか叔母は単なる電話なのに、恐る恐るという感じで受話器をとった。しかし、何ら会話することなく、しばらくして受話器を置く。

「悪戯かなぁ？　何も言わないよ」

首を傾げながらみんなに説明した。

その直後、また黒電話が鳴り響いた。今度は別の者が出る。やはり同じだった。出ても相手は何も話そうとしない。

そもそも母の実家はかなりの田舎で、玄関の鍵など掛ける習慣すらない。犯罪や悪戯とは無縁の長閑な地域。そこに無言電話がかかってくるというのは考えにくいことだった。

その直後、三度目の電話が鳴った。

これはいよいよおかしい。悪戯にしてもたちが悪い。

業を煮やした叔父が、他の者を制するようにして電話に出た。やはり、前の二人と同じように受話器を耳に当てたまま、返事をすることはない。

ただ、態度に明らかな変化があった。

はじめは少し怒った表情だった叔父の顔が、徐々に悲し気になっていく。そして、とうとう今にも泣き出しそうなくしゃくしゃの顔になった。

それだけでない。

「ああ……」とか「こちらこそ」とか、会話しているような受け答えをしている。

みんなは怪訝に思いながら、じっと叔父の様子を観察していた。わずか一、二分で叔父は受話器をそっと切り、食卓に戻ってきた。

座り直した叔父は少しの間、卓上のどこか一点を無言で見詰めていた。そして、気持ちの整理がついたのか、心を落ち着かせて静かに話しはじめた。

電話に出たときは、周波数の合わないラジオから聴こえるノイズ混じりの声、という感じのものが聞こえていたという。ただ、何を言っているのかは聞き取れない。しかし、次第に声の主が女であることがわかった。

声はこちらの家族の名前を口にしている。その言葉もこの地方の方言だった。やがて、身内でしかわからないようなことが、徐々に聞き取れるようになっていった。

そして、ついに電話の相手が誰なのかがわかったというのだ。

受話器の向こうから聞きづらいメッセージを発していたのは、亡くなったばかりの祖母だった。

有り得ないことだが、祖母以外考えられなかった。

祖母は叔父にこう伝えてきたという。


「いい家族に恵まれて、楽しい人生だった」

「親がいなくなっても、みんな仲良くしなさい」

そして最後に「ほんとうに、ありがとう」と。


そこにいたみんなは、叔父が伝えた言葉に涙した。

子供の頃からやさしくしてもらった祖母への想い。私たち孫も何も言えず、ただ時間だけがゆっくり過ぎてゆくだけだった。

その後、不思議なことがまた起きた。

消えていたテレビが自然に点いた。座敷の照明も点いた。ほかの電化製品も、ブレーカーを確認することなく復旧した。


こんな不思議が起きてからずいぶん年月が流れた。

私も一男一女に恵まれて親となった。

しかし、あの日の祖母のメッセージは堅く胸に刻んでいる。いつか必ず訪れる別れのとき。もし私が最期の言葉を伝える機会があるとすれば、あのときの祖母が残したのと同じメッセージを伝えたいと思う。

投稿者　あるてまの父（男性・東京都）

シザーマン

ずいぶん昔のことになるが、映画で「シザーハンド」という作品があった。

博士によって作られた人造人間で、両手がハサミになっている男の話。

これはラブ・ファンタジーとしてヒットしたが、両手がハサミという設定は、なかなかインパクトがあった。

これをヒントに今度は「クロックタワー」というホラーゲーム作られる。

巨大なハサミを持つシザーマンという殺人鬼が、無残に犠牲者を切り刻んでいくストーリーで、恐怖が次々と襲ってくるように設定されているゲームだ。

古い迷路のような館の中で、いつシザーマンが現れて、鋭く巨大なハサミで切り刻まれるかと思うと、単なるゲームではあるが本当に怖かった。

しかも効果音が突出していて、近くにシザーマンが潜んでいると、ジャキーン！ ジャキーン！ とハサミを交差させる金属音が響くのだ。

さて、その日は熱帯夜でなかなか眠れなかった。

私はどちらかというと夜更かしの方だったが、深夜になっても寝苦しく、延々と寝返りを繰り返していた。

私以外の家族は寝静まり、家の中はシーンと静まり返っていた。

あれは二時ぐらいだっただろうか。どこからか奇妙な音が断続的に聞こえてくる。

耳障りな神経にさわるような音だった。風とか雨とか雷とか、自然界が発する音ではない。かといって、車やバイクのエンジン音でもなかった。真っ暗な部屋の中で、妙に不安感を煽ってくる。

そのときエアコンを緩くつけていたので、その運転音かと思った。

部屋の中で音を立てるものはそれぐらいしかない。確認するために、耳を澄ませてみた。

エアコンからはサーーーッという送風音が微かにするだけだった。

(なら、あの音は何……?)

もう一度、集中して耳を澄ませてみる。

金属音のような気がした。こんな夜更けに誰が、どこで、何をしているのかと訝った。

しかも、耳障りな金属音である。人の迷惑も考えず、断続的に、しつこく。

半ば怒りから感じながら、その音の正体を突き止めようと思った。

ふと、どこかで聞いたことのあるような音だということがわかった。けっこう身近な何かのような気がする。そして、突然思い当たった。

（あれって、ハサミじゃないの……）

つい最近、私は美容室に行った。

髪をカットしてもらっているとき、耳の真横で聞こえたハサミの音。髪を切って、両刃が合わさるときの音に酷似していた。

ただ、音の重さが違う。ということはハサミの大きさか。


ジャキーン、ジャキーン！　かなり大きなハサミのようだった。


巨大なハサミで何かを切っているのか、ただ開閉をしているだけなのか。

途切れ途切れではあるが、間違いなく聞こえている。

それも家の中なのか外なのかよくわからない。左から右へ、右から左へとハサミの音を立てながら、部屋の外をゆっくり往復している。

怖かった。というより、不気味過ぎた。

いったい何が、誰が、どんなものがそこにいるというのだ。

いつもならこっそり窓から覗くのだろうけど、そのときは見てはいけないという予感がした。とんでもないものを目撃しそうで、覗いてみる勇気がなかった。

相変わらず、断続的にハサミの音は続いている。

そこで、はっと気がついたことがあった。ハサミの音は禍々しいほど聞こえてくるのに、足音が全然しないのだ。

外の道であれば足音がするだろうし、もし屋根にいるとしたら、瓦だからゴトゴト音がするはずだ。ところが、聞こえてくるのはハサミだけ。有り得ない現象だった。

もう、怖くて怖くて絶叫しそうだった。

私にできることは、息を殺し気配を消して、一生懸命念仏を唱えるだけだった。

やがてそれは諦めたのか、あれほど何往復もしていたのに、いつの間にかどこかへ去って行ってくれた。

投稿者　ノンタン（女性）

山の神社

数年前、その年も押し詰まった十二月三十日の午後。

年末年始の休みに、妻と二人『あしかがフラワーパーク』のイルミネーションを見るため、早めに栃木県の足利市へ行った。

まだ陽が高いので市内観光がてらに、旧跡の『足利学校』などを回ろうとしたが、生憎どこも年末の休館になっていた。

仕方なく、どこか観光できるところはないか探すと、近くに『名草巨石群』というところがあることがわかった。

市街地から車で二十分ほど細い田舎道を走り、巨石群のある山の登り口に着く。そこには観光釣り堀があり、地元の神社の参道にもなっていた。

ただ、鳥居の前には侵入者を拒むかのように障害物があった。それが参道を塞いでおり、車では侵入できなかった。

釣り堀のオーナーに巨石群への別ルートを尋ねると、山道をぐるっと回り込むように走れば神社の反対側へ行けるという。

狭い山道なのですれ違う車もない。鬱蒼とした山道を走ること十五分、まったく人の気配のない神社への入り口があった。山道はさらに山の奥へと続いていたが、ここに車を停めた。

じつは、妻は霊感というのか、霊的なものを察知することができる。

その感覚が警報を発していたのか、早い段階から行きたくないと弱音を吐いていた。後で思うと、それに従っていた方がよかったのかも知れない。

車から眺めると外は寒そうで、冬らしい鉛色の空だった。

参道となっている森の入り口には、参拝客用の古そうなトイレが見えている。辺りの雰囲気も相まって、利用したくないほどの不気味さに満ちていた。

トイレの扉は半分ほど開いており、何かが潜んでいるようにも見える。

「あのトイレの扉さぁ、勝手に開いたりしたら怖いよね」

私はトイレを見ながら、冗談で妻に笑いかけた。

すると、そう言った途端、目に見えない誰かの仕業のように、スゥ～っと音もなく扉が全開になったのだ。

木々の葉は揺れていないので、風のいたずらではなさそうだ。

「ヒッ……！」

それを目の当たりにした妻は、声にならない悲鳴を上げて怖気づいた。

「大丈夫だよ。偶然さ」

なんとか妻を励まし、車から降りてトイレを横目で見ながらその脇を通った。

トイレの扉の開き具合から『どうぞお入りください』と、招いているような感じがする。

トイレの中は真っ暗で気味が悪かったが、それ以上の異変はなく、私たちは参道を奥へと歩いた。


やがて目当ての巨石群が左手の山裾に見えはじめた。

相変わらず風もなく、私たちは無言でゆっくりと歩いた。神社へは山を下るように参道が延びている。

道の右側は無数の杉が植わり、天に伸びる森になっていた。その森は鶯色のような、何とも表現しがたい色に染まっていた。薄っすらと靄がかかったような澱んだ色合いで、まるで異世界へ紛れ込んだかのような不思議な感覚がした。

進んでいくにつれ、徐々に鳥肌が立つような感覚に襲われていった。

我慢して山道を下っていくのだが、いくら歩いても神社の社殿が見えてこない。

これはおかしかった。こんなに長い参道は考えられなかった。

樹木が生い茂っているにも関わらず、野鳥の鳴き声もしない。ただ静寂な山道を話すことも憚る雰囲気で黙々と歩くだけだった。そんな時だった。


リンリン、リンリンリンリン、リンリン……♪


澄んだ綺麗な鈴の音が、杉林の遥かな高みから三回ほど鳴り響いた。

錯覚ではない。妻の耳にもその音は届いていた。

唐突な音色に、二人でただ目を合わせるしかなかった。どこから聞こえてきたのかわからないが、不思議なことがあった。

鈴の音色が聞こえてすぐ、神社の社殿の屋根が右下に見えてきたのだ。まるで、鈴の音に誘われるかのようにそれは目に入ってきた。

(もしかしてあの鈴の音は、神社の巫女か神職が鳴らしたものなのか……)

そう思うと納得できた。

なんとなくほっとして、少し急ぎ足で神社へ降りた。境内に入り、社殿の正面に回って言葉を無くした。

それは長年手入れもされていない、古ぼけた無人の社殿だったのだ。もちろん、神主も巫女もいない。

神社の裏手にも回ってみたが、山裾まで何もない空間が広がっているだけ。まわりは急峻な崖と巨石が神社を取り囲んでいた。

神社には我々以外人っ子ひとりいなかった。異様な静けさが満ちている。異世界というか、ある種の不気味さしかなかった。

参拝も早々に、元来た山道を急いで戻った。

ここに長くいてはいけないような気がした。結局、あの鈴の音は何だったのかは謎のままになった。

ここは人が入ってはならない『聖域』だったのかも知れない。

思えば、参道入り口側のトイレから、ずっと誰かに見られているような感覚があった。

スゥ〜っと招くように開いたトイレの扉。野鳥の囀りも人の気配もまったくない無音の山域も不思議過ぎた。

この山には『天狗伝説』が伝えられているが、それにふさわしいような空気感があった。

私と妻はやっと車に戻ることができた。

それまでずっと背中がゾクゾクする寒気を感じていたが、車に乗って帰路につくまでそれは続いた。

投稿者　フウテンのクマ（男性・茨城県）

縛

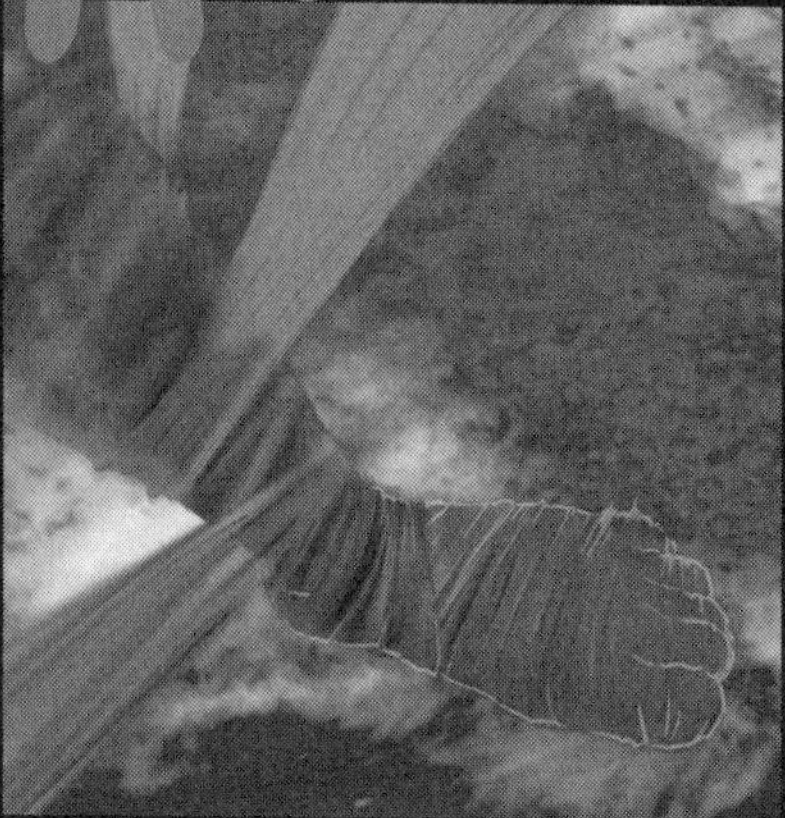

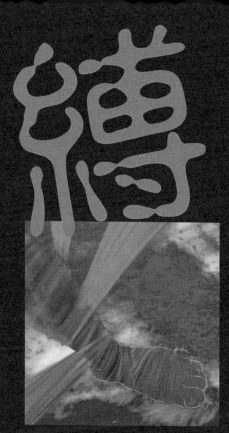

手も足も微動だにしない、石化した肉体に支配される瞬間。
ピクリとも動かない意志を無くした肉体は、ただ無防備である。
喉も裂けよと振り絞った悲鳴は、縛られた体から無力に脱落する。

たむろ部屋

忘れられない恐怖体験がある。

大阪市内にある古くて、ほとんど廃墟に近い木造建築のアパートでの出来事。

そこは高校の同級生の親が所有する、戦後に建てられた二階建ての古アパート。

入居者は少なく、お年寄りが何人か一階に住んでいるぐらいで、ほとんどが空き部屋になっている。それをいいことに、ときどき我々仲間がたむろする場所だった。

そのアパートだが、みんな一緒に行くときはいいが、とても一人だけでは寄り付きたくもない雰囲気があった。佇まいそのものが陰気で、昼間でも気味の悪さが漂っている。

しかも、二階のある部屋には『先立つ不幸をお許しください』という文言が木の柱に彫ってあったりするのだ。


ある夜、私と友達二人は家がウザイということで、示し合わせて家出をした。

しかし、家出をしたはいいが行くところがない。困り果てて、仕方なく古アパートに行こうということになった。

しぶしぶ三人で向かったが、その日は雨がしとしと降る気分が滅入るような夜だった。真夜中なので、アパートの管理人はとうに眠っていた。

我々は勝手に忍び足で、いつものたむろ部屋に入り込んだ。当然、空き部屋だから電気もない。壁の染みや煤けたような天井が廃墟感を煽っている。

我々は気色悪いなぁと文句を垂れながら、畳の上に雑魚寝することにした。

じつはその当時、私は霊感のようなものが強かった。

よく金縛りに遭い、誰にも見えないものが『見え』たりしていた。だから、その部屋は嫌な予感があった。

畳の上で三人が川の字になって寝ているときだった。

やっぱり、私は金縛りに遭ってしまった。いつもより苦しくて、隣にいた奴に助けを求めたが気づいてくれない。

というより後で聞いた話だが、そいつはもっと大変な目に遭っていたらしい。

そいつの向こうに寝ていた奴は、怖がりで部屋の雰囲気にビビッてしまい、ずっと起きていたという。

真っ暗の中で、私と隣で寝ていた奴の様子をずっと見ていた。すると、まず私が金縛りになり苦しみはじめたことがわかった。

どうしたらいいかわからないまま様子を窺っていると、隣の奴がしわがれた声で何かをブツブツ言いはじめたらしい。何を言っているのかと耳を澄ますと……。

「ここから出て行け……ここから出て行け……」

お婆さんのような声で、繰り返しずっと呟いていた。


そのうちやっと金縛りが解け、私は意識を取り戻した。

隣の奴はただ事ではない状態で、霊に憑かれたように呟き続けている。すぐに叩き起こして、なんとか正気に戻した。

少し落ち着いてから、この部屋での怪異のことを確認しあった。

窓の外はまだ雨がしとしと降っている様子。アパートの廊下では雨漏りだろうか、ポッツ～ン……ポッツ～ン……と、滴の垂れる音が聞こえている。

ここにいてはいけない。それが我々の結論だった。

この部屋にいるだけで背筋がゾクゾクする。もう限界だった。三人で一緒に走って逃げようと、ダッシュでそこを後にした。

不思議なことに、雨漏りで濡れてるはずの廊下がまったく濡れていない。ならば、あの音は何だったのか。

深夜のアパートを飛び出して、我々はしばらく走った。

ここまで来れば大丈夫だろうというところまで逃げて、やっと後ろを振り返った。

アパートは真っ黒の巨大な化け物のように建っていた。

そして、屋根の辺りに無数の火の玉が飛んでいた。

投稿者　こわ〜！さん（男性）

膨張

私が二十歳の頃、夜は二段ベッドの上段で寝ていた。
ある日のこと、夜中にふと目覚めた。

なにか寝苦しいような気がして、何事かと意識が覚醒したのだと思う。足首のあたりが異様に重いので、何だろうとそちらに視線をおくった。寝たままで、首だけを起こすような態勢を取ったのだが、そこで初めて気がついた。

金縛りに遭っている、と。

ヘンだと実感したのは、首を上げて足元を見ているはずの後頭部に、枕の感触がしっかりとあったこと。どう考えてもそんな角度は有り得ない。枕が垂直に立っているということになる。

とはいえ、その頃は金縛りには頻繁に遭っていたので、またかとあまり気にしないでいた。いつものことだから、そのうち解けるだろうと高をくっていたのだ。

すると、足首のあたりがだんだん重くなっていく。

暗い部屋の中、いったい何だと足元に目を凝らすと、だんだん見えてきた。

被ってる掛布団の脛から足首のところが凹んでいる。布団が誰かにグシャと踏まれているかのようだった。見えない足で踏まれているような形状になっている。

どうなっているのだと思っていると、そのあたりがだんだんと重くなっていく。まるで、踏んでいる見えない『何か』の体重が徐々に増えていく感じだった。

しかし、このぐらいでは、まだいつもの金縛りの一環だと思っていた。


ところが、闇よりも黒い影が現れてきたのだ。

それは脛の上の中空にモワモワと丸く広がり、見ている間に雲が湧くように中から膨らんでいった。

濃密な黒々とした影は、それ自体に質量がある感じだった。それが次第に膨張するにつれて、足に掛かる重さも増大していく。

幾多の金縛りの中でも、こんな異様なものは未体験だった。

私は動転し、慌てはじめた、痺れたように動かない口で、不動明王御真言を唱え、なんとか金縛りを解こうと必死に抵抗する。

しかし、無駄だった。影はその間もじわじわと拡大し、輪郭を取りはじめた。

影の中心部はさらに黒く、周辺部のように向こうが透けて見えることはなかった。さらに足は重くなっていき、まるで脛の上に人が乗っているかのような耐えがたさになった。

それより、何かの姿を形作ろうとしている黒い影が怖ろしかった。

幽霊などとは比べものにならない邪悪なオーラを発散させている。その正体など絶対に見たくなかった。これを見たら気が狂ってしまうだろう。

とにかく、一心不乱に御真言を唱え続ける。それでも意識の底には、拭いがたい冷たい恐怖が張り付いていた。


こうして必死でもがいているときだった。

動かないのは重さを増す足の方で、肩のあたりにはまだ拘束が少ないように感じた。なんとかなるかも知れない。無理やり肩を揺すって横に転がろうとした。

ミリ単位だったが、何度も繰り返すうちに少しずつ可動域が広がっていった。

足元では異変が起きていた。直径二十センチぐらいの黒く丸いものが出現していた。これが何かはわからない。実害を及ぼす何かであろうことだけは理解できた。

もう猶予はない。渾身の力でもがいたところ、突然、右肩が自由になり起き上がることができた。

金縛りは解けていた。

全身は汗でぐっしょりだったが、助かったと思った。

それでも念のため、御真言を唱え続けた。

投稿者　小角（女性）

第二段階

あれは北海道網走の中学か高校に通っていた頃のこと。

ある秋の日、私は友人たちと一緒にクミちゃん（仮名）の家に泊まりに行った。

クミちゃんの家は墓地の近くにある。そんな環境だからなのか、彼女は数々の霊体験をしていた。

金縛りに遭うなどは日常茶飯事。何かに髪の毛を引っ張られたとか、家の中に見知らぬ男がいたなど、枚挙にはいとまがない。

家に問題があるのか、彼女の霊的なことを感知する能力が高過ぎるのかはわからないが、泊まりに行くことには少し逡巡もあった。しかし、友人も一緒なので大丈夫だろうと、自分に言い聞かせて行くことにしたのだ。

心配は杞憂に終わり、泊まりに行った日はに怖いことは何もなく、楽しく過ごすことができた。

それから数日経った頃。

私の身に考えられないことが起きる。

それまでは金縛りに遭ったとか、幽霊を見たとか、よく聞く怪奇な体験などは皆無で過ごしてきた。

ところが……。それは自分の部屋で眠っていたときのこと。

いつもは仰向けに寝ることが多いが、その夜はドアに背を向け、横を向いて寝ていた。

すると、目は閉じているのに意識だけが覚醒している状態になる。そんな体験は初めてだった。

だから、（まぁ、そのうち眠れるだろう）と思って、そのまま目を閉じていた。すると突然、グググッ！　頭の方に体全体が引っ張られる感じがした。

いつの間にか寝てしまい、夢を見ているのだろうと思った。すぐに引っ張られる感触が無くなったので、やっぱり気のせいだったのだと安心した。

ところが、今度は足の方に体が引っ張られる。

いや、引っ張られるというより、頭の方からグイグイ押されるような感じだった。

（えっ……？）

もう間違いなかった。異様なことが起きている。

横たえている体が、上へ下へと繰り返し引っ張られていた。

有り得ないことに、ベッドの上で体が上下に動いているのだ。しかも体は横向きになったままで、身動きすらできない。何が起っているのか理解できなかった。私はシーツをしっかり握りしめ、必死で体が動かないように抵抗するしかなかった。

お願い、止まって！　と祈りながら我慢していると、突然動きが止まった。

(よかった……やっと止まった……)

ほっとしていたら、異変は第二段階に入っていった。

それはさらに恐怖を煽るものだった。

横になって寝ている背中の方で、グシャグシャグシャ〜！

レジ袋を丸めているような妙な音がする。

はじめは姉がやっているのかと思った。部屋はカーテンで仕切っただけなので、音や明かりはいくらでも漏れてくる。

ところが、姉がベッドの中でもぞもぞと寝返りを打つ気配や、「んんん～」という寝言が聞こえてくる。つまり、姉はぐっすり眠っているのだ。

（えっ、じゃあ、あの音は何……？）

振り返って確かめたくても、怖かった。その前に体が動かなかったのかもしれない。

私はなんとか声を出そうとした。

何か言おうと言葉を発したつもりだったが、まったく声にならなかった。こんなことは初めてだった。私は焦ったせいか、鼻から盛大に鼻息を漏らしてしまった。

それが功を奏したのか、意外なことが起きた。

今の今まで聞こえていた、グシャグシャという奇妙な音が消えた。同時に体も楽になり、声も出るようになった。

結局、あれは何だったのか、何が原因なのかわからないままだ。

それから数日後……。

あれは、たまたまの出来事だと解釈して、つい怖い体験をしたときと同じ方向を向いて寝てしまった。

すると、またあの日と同じ怖ろしい体験をしてしまう。やはり、グイグイと何かに引っ張られたり、押されたりしたのだ。

それ以来、ドアを背にして横向きに寝ることは避けるようにした。なぜか、その姿勢に原因があるとわかったからだ。

一か月ほど経ったある夜。

その日も気をつけて仰向けで寝ていた。知らない間に寝返りを打ったのだと思う。気づいたときは遅かった。横向きで、向いてはいけない方向の姿勢になっていた。

また、頭の方へ足の方へと訳のわからない体の動きがはじまる。

しつこい異変は、まだ収束していなかったのだ。もう恐怖しかなかった。次に起きることも予想できる。

それが起きる前に、鼻から息を思いっきり放出した。間に合ったのだろうと思う。得体の知れない変な音は聞かずに済んだ。


この異変がいつまで続くのか、なんでこんなことになったのか訳がわからなかった。体を無理やり動かされ、その後、異音が発生することまではわかった。

いちばん怖いのは、それらの後にいったい何が待ち受けているのかということ。つまり、第三段階である。その体験はまだなかったが、それは時間の問題かもしれない。

翌朝、私は堪らず母にその話を打ち明けた

母はクミちゃんが何度も霊的な体験をしていることを知っている。しばらく考えた後、母は真顔で言い放った。

「あんた、クミちゃんの家から『連れて』帰って来たんじゃない？」

しかし、私はどうしたらいいのか、その答えはない。

投稿者　あゆみ♪（女性・北海道）

座る老婆

あれは神奈川県の高校から、沖縄へ修学旅行に行ったときのこと。

私たちのクラスは大戦中に作られ、悲劇の舞台になった防空壕を訪れた。

その防空壕は危険なので、立ち入り禁止になっている。だが、私たちは修学旅行ということで、特別に防空壕の前まで近づくことが許可された。

ガイドに案内され、防空壕の前で黙祷をしていたときだった。手を合わせて目を閉じていた私を突然、後ろから誰かがガシッと掴んだ。

私は驚いて目を開けて振り向いた。すると、私の親友で霊感が強い子が「危ないところだったね」と心配そうに言う。

その子に掴まれたせいか、私はバランスを崩しそうな姿勢だったことに気づいた。

ところが、それは掴まれたせいではなかった。

私は平らな地面に立って黙祷していたはず。だが、その子に言わせると、支えられなかったら倒れてしまうほど傾いていたという。

「あんた、引き摺られていたよ。あんたのことが気に入ったみたい。危ないからこれを持ってなよ」

友人はそう説明して、身につけていたお守りを貸してくれた。

そんなことを言われてもピンとこなかった。何かに引き摺られているというのも半信半疑だった。

それでも一応、お守りはずっと身につけていた。そのお蔭かどうか、特にそれ以上異常は起こらなかった。無事に修学旅行が終わって、親友にお守りを返した。

ただ、自宅に帰ってからだった。私の身辺に異変が起きはじめたのは。

真夜中、丑三つ時あたりに、必ず金縛りに遭うようになった。

この金縛りは異様だった。

まず、大勢の足音や苦しげな呻き声が、低く反響しながら遠くから響いてくる。それは旧日本軍の兵隊や犠牲となった住人のようだった。

それだけではない。なぜか、背を丸めてちょこんと正座する老婆の後ろ姿も見えるようになった。

そんな異様な金縛りが連日続いていたが、逃れる術はなかった。しかも、日が経つにつれ、響く音や老婆の姿がだんだんと近づいてくる。

私にはひたすら金縛りが解けるのを待つことしかできなかった。毎晩、寝ることが怖かった。そして、こんな恐怖の数日が過ぎた。


修学旅行から帰ってきてから一週間が経った日。

金縛りのときに、徐々に近づいて来ていたそれは、とうとう寝ている私の胸のあたりまで来るようになった。

しかし、その夜の金縛りはいつもと違っていた。

いつもなら謎の老婆はいちばん最後にふうっと出てくる。それがこの日は、始めから背中をこっちに向けながら黙って座っているのだ。

それといつもと違うことがもう一つ。

あの不気味な隊列を組む足音や呻き声が聞こえない。ただ黙して、こちらに背を向ける老婆が胸の上に座っているだけだった。

どのくらい経ったかははっきりしないが、老婆はゆっくりと私の方に顔を向けはじめた。

どんな怖ろしい顔をしているのかと覚悟したが、その表情は穏やかだった。口元にはあるかなきかの笑みを浮かべ、慈しむような眼差しで私を見ている。

私には見知らぬ老婆だった。はて誰だろうと思っていると、そのままだんだん薄くなって消えていった。

気がつくと、金縛りも解けていた。何か穏やかな空気に満たされて、私はまた目を閉じたようだ。


その日を境に、もう重々しい足音も呻き声も聞こえることはなくなった。

また、老婆の姿を見ることもなく、金縛りにさえ遭わなくなった。

苦痛だった金縛りのことも忘れかけていたある日、私は母の帰郷に同行して母の生家を訪れた。

謎はそのときに解けることになる。

母とお墓参りに行ったおり、手を合わせた墓前には故人たちの写真が置いてあった。その写真の中にあの老婆が写っていた。

私の曾婆ちゃんだという。もちろん会ったこともない。しかし、口元に浮かべた笑みは、あのときの老婆のものと一緒だった顔も知らない曾婆ちゃんが、私を救ってくれたのだと思った。

投稿者　滸（女性・神奈川県）

弟の受難

あれは私が高校三年生のとき。

弟も同じ高校に通っており、一年生だった。片道十キロの道を私はバイク、弟は自転車で通学していた。

私たちの家は某県の山の裾野近くにある。

クラブ活動で遅くなって、日が暮れると最悪だった。その道は街灯もなく、道も細くて、すごく不気味な雰囲気が漂っていたからだ。

そんなある日、早めに部活を終えた私は、いつものようにバイクで帰路を急いでいた。走り慣れた道のカーブのところ。数日降り続く雨で濡れた路面の傍らに、花束が供えてあるのを見つけた。

（事故だな……）と思った。

朝は気づかなかったし、花の真新しさからすると、今日かも知れない。あえてじっくり見ることを避け、気にしないようにして家に帰った。

母は事故のことをすでに知っていた。

バイクと車の衝突事故で、亡くなったのはなんと小、中学同級生の平井君（仮名）だった。

彼とは別の高校に進学したが、おそらく私と同じようにバイク登校で、事故に巻き込まれたのだろう。もちろん驚きはした。驚いたが、彼とはあまり親しくしていた訳ではなかったので、さほど強いショックは受けなかった。


夜の八時を過ぎてから弟が帰ってきた。

なぜか弟の顔色があまり冴えない。

どうしたのかと聞くと、事故のあったカーブのところで、急にガクッと自転車が重くなったというのだ。それと同時に、ズンと体も重くなったらしい。そこから帰宅するまで、ずっと気分がすぐれなかったという。

帰宅するまで、弟は事故のことなど何も知らなかった。亡くなった私の同級生も、顔を知っている程度で話したこともない。ただ、弟には霊に感応する力が少しはあるようだった。

そして、その夜……。

弟は突然の金縛りに遭ってしまう。そして『見て』しまったのだ。

ベッドの足元に、頭からベットリ血を流した平井君を……。


弟の恐怖はこれで終わりではなかった。

毎晩続けて金縛りが襲ってきた。

そして、いつも平井君が頭から血を流したままやって来た。次の夜も、その次の夜も弟の元にやって来たという。

逃げ場のない恐怖に耐えかねて、弟は私にそのことを打ち明けた。

詳細に状況を聞くと、事故現場を自転車で通過した夜からの異変であることが判明した。

すぐ家族で相談した結果、現場へ花と飲料を供え、線香を手向けて供養しようということになった。線香に火をつけ、家族で一心に拝む。

それが良かったのか、その日以来、金縛りも、平井君が深夜に現れることも無くなった。

こうして事態は収束したのだが、ひとつ合点がいかないことがある。

なぜ、平井君はかつての同級生であった私ではなく、ほとんど面識のない弟のところへ現れたのか。

私の弟とわかって憑いたのだろうか。

それとも、たまたま霊的な波長が合ってしまっただけなのだろうか。

投稿者　イチロー（男性）

弟の受難（二）

平井君を呼び寄せるぐらいだから、弟は霊的なものを感じる力があるのだろう。

さて、これもまだ二人とも学生だった頃の話。


ある夏休みのことだった。

家の二階にある二部屋は、私と弟とで使っていた。自分の部屋でぐっすり眠っていた弟は、一階から聞こえてくる騒がしい声に目が覚めてしまった。

時間は夜中の二時を過ぎた頃。始めは両親がまだ起きていて、大声で話しているのかと思った。

しかし、その声は二人のやり取りという感じではなかった。もっと大勢のような音量。しかも、何か大声で怒鳴り合いをしている。

これは尋常ではない。何か揉め事でも起きているのかと、弟はそっと階下に下りてみることにした。

足音を立てないよう、真っ暗なままの階段を慎重に下りる。

その間も階下は騒がしい。誰か来ているのか、近所の人と喧嘩でもしているような雰囲気だった。

階段下に着き、両親の寝室がある廊下の先を窺った。

ところが廊下も両親の部屋からも明かりは漏れていない。家中真っ暗で、両親も寝静まっている様子だった。不思議なことに、階下に下りた途端、あの騒がしい大声はぷっつりと聞こえなくなっていた。


弟は子供ながらに訳がわからなかったという。

寝惚けたのかと、首を捻りながら自分の部屋に戻り、再びベッドに横たわった。

まさにその瞬間だった。金縛りが弟の体の自由を奪った。

階下からの大声との関連は不明だが、激しい硬直に身をゆだねるしかなかった。

すると、部屋のガラス戸が音もなく開く。天使のような白いふわっとしたものを着た人が入って来た。それは知らない男だった。迷うことなく弟のすぐ横に立った。

そして、その人は両手に二つの玉を持っていた。

その一つがスウ〜と弟の体の上に飛んできて、バチッと弾けた。

さらにもう一つは、ベッドの反対側へ飛んでいった。

弟が目で追っていると、そこで同じように弾ける。と同時に金縛りも解け、その謎の人も消えたというのだ。

弟はなぜか恐怖は感じなかったそうだが、出来事の意味は理解できなかった。

ただ、薄気味悪さだけが残ったので、隣の私の部屋に逃げてきた。寝ていた私は弟に起こされ、この話を聞かされたというわけだ。

後年、この話を弟にしたが、何も覚えていなかった。

きれいさっぱり弟の記憶から消え去っていたのも不思議である。

投稿者　イチロー（男性）

邸の増築

高校二年生の真夏のこと。

別のクラスの友人がバタバタと慌しく、私のクラスに駆け込んで来たことからあの異様な話は始まる。

「鳥野！　鳥野って確か霊感あったよな？」

友人は唐突に私に問い詰める。

「あ〜、いやもう、無いけど……」

私は邪魔くさいので否定した。

しかし、友人はそれを無視して続ける。

「どっちでもいいわ。ちょっと、この子おかしいのよ！　毎日、金縛りに遭うんだって！　話だけでも聞いてやって」

友人の後ろに隠れるようにして、一人の女の子が伏目がちで立っていた。

（ああ、こりゃ……確かにおかしいわ）

一目見るなりわかった。

まず、着ている制服だった。真夏なのに冬の紺色の長袖ブレザーを着ている。

「あんた、風邪でもひいてる？」

とりあえず無難に聞いてみる。

「風邪じゃないけど、なんか寒い……」

彼女は本当に寒そうに両腕をさすりながら答えた。

教室の中の冷房はある程度効いているが、さすがに夏真っ盛りの中では効き目は薄い。さらに衣替えの六月を過ぎているので、誰も冬服は着ていない。白い半袖ブラウスの制服の中で、彼女一人だけが冬服姿というのは異様だった。

（この子、もしかして自律神経失調症かな？）とも思った。うまく体温調整ができないのかも知れない。

「どういう風に寒いの？」と尋ねると、

「足が水に浸かったように冷たくって……」と言う。

確かに彼女の近くに寄ると、冷気のようなものが伝わってくる。さらに「毎晩、金縛りに遭ってすごく怖いの」と続ける。

これはちょっと普通じゃないと思い、詳しく話を聞くことにした。

彼女の話はこうだ。

進学クラスなので、毎晩受験勉強をしている。

夜遅くまで勉強をして、終わるとすぐ寝るのだが、しばらくすると決まって金縛りに遭ってしまうという。それがだんだん酷くなってきて、異変も頻発するらしい。

例えば、金縛りのとき、頭の上でザワザワと人の声がしたり、点けていないのにステレオのスイッチが勝手に入り、いつもよく聴く音楽が大音量で流れたりする。

ただ、その音楽のメロディは同じでも、歌詞がまったく違うものになっているというのだ。

「へえー、どんな歌詞なの?」

私は興味を引かれて質問した。

「それがね、延々と『西へ行くと……』『西の方には……』『西が……』みたいに、ひたすら西を繰り返しているばかりで、歌詞らしいものは無いのよ」

「ちょっと聞くけど、家の西側には何かある?」

私はちょっと引っかかるものがあって訊いてみた。

「西側？　ああ、蔵かな、蔵があるわね」

少し考えて彼女は答えた。

蔵のある家はすごいと思いつつも、何か気になった。

（もしかしてその蔵が問題？　蔵の中に何かあるのかな？）

私の直感が示すまま、イメージに集中していく。

これが霊的な力なのかどうかはわからないが、集中すると今見えている視界がボヤけていくのだ。そして、違うものが見えてくる。


私の頭の中には古くて大きな邸が見えていた。

立派な庭、松や椿などの樹木がよく手入れされている。

敷地の中に、白い壁の高い蔵があった。蔵の中に入ってみたが、取り立てて原因になるようなものは目につかなかった。ということは、西にある蔵は問題ないことになる。

蔵を後にし、探索の範囲を広げてみる。

ところが、私の『視界』が感知したビジョンの中には、これぐらい古い邸なら必ずといっていいほど存在するものが見当たらなかった。

私は懸命に『それ』を求めて、庭を隈なく精査した。また、鳥瞰図のように邸の上空からも探してみた。

ひとつわかったことがある。

邸や蔵は相応の古さがあるのだが、どこか新しい雰囲気が醸し出されていた。俯瞰して見えた不自然な邸の形状、妙な出っ張りが庭に進出している。

そうか！　私はピンときた。想像は間違いないはずだ。

だから『足が水に浸かったように』なるのだ、と確信した
視界が徐々に現実の光景に入れ替わっていく。

学校の教室に引き戻された私は彼女に尋ねた。

「ねぇ、あんたの家、改築しなかった？」

「うん、増築はしたけど……」

なんでそんなことがわかるのかと怪訝な顔をされる。

しかも、増築したのは母屋の西側だという。

「井戸、あったんじゃない？　その井戸を埋めなかった？」

「ああ、そういえば井戸は壊したよ」

「もしかして、元の井戸の真上に増築した？」

「そう！　井戸の上に二階建てを増築してる。あたしの部屋はそこにあるのよ。なんでわかったの？」

「井戸ね、井戸が原因ね！　だから、足が水に浸かったような感覚になるんだと思う！」

私は断言した。


詳しく聞くと、きちんとした段取りを取らずに井戸を埋め、増築してしまったらしい。ぞんざいに扱うと、井戸は怖いということを知らなかったのだろう。

「それで、あんたの部屋は一階？　二階？」

「二階だけど」

驚いた。二階でこれ程なら、井戸の真上の一階はもっと酷いはずだ。

一階は兄の部屋らしいが、幸いなことに東京の大学に入ったから、ずっと空き部屋のままだという。

そのせいで、ダイレクトに災いが彼女に来てしまったのだろう。

とりあえず家の人に相談してお祓いするとか、井戸の後始末を今からでもちゃんとした方がいいと勧めた。
気休めかも知れないが、部屋に塩を盛ることもアドバイスした。
その日からしばらくして、彼女が白いブラウスの夏服でお礼に来た。
金縛りも、異常な寒さも無くなったそうだ。

投稿者　鳥野ささみ（女性）

感

第六感という言葉だけで変異を片付けてはならない。
いかに合理的な説明も、モノクロームのように色褪せてしまう。
それは気配を感じるレーダーにまた何かが反応しているから。

八甲田山の訓練

昔、八甲田山で死の雪中行軍と呼ばれた悲惨な遭難事故があった。

日露戦争が避けられない情勢になっていた一九〇二年一月。北海道から東北一帯を大寒波が襲った。極寒のその日、八甲田山山中で、旧帝国陸軍第八師団青森第五連隊第二大隊が耐寒訓練を行っていた。そして、将兵二百十名が遭難し、生存者がわずかに十一名という大惨事が発生したのだ。

現在もこの八甲田山での耐寒訓練は、陸上自衛隊によって行われている。それも追悼の意を込めて、遭難事故が起きたのと同じ時期にである。

陸曹の彼は初めてその訓練に参加した。厳しい一日の行軍を終え、命令どおりに雪を掘って壕を作った。そこにテントを張り、すばやく寝袋に潜り込む。

どのくらい眠っただろうか、熟睡していた陸曹は、ふと目を覚ましてしまった。誰かの声が聞こえ、人の気配がするように感じたのだ。

交代で任務に就いている歩哨だと思った。それにしても歩哨が声を上げるのも解せないし、どうも様子が変だった。

それだけではない。自分のテントの周りに、大勢の者が集結しているような気がした。

（どうした……何かあったのか？）

怪訝に思って寝袋から出ようとしたが、なぜか体が動かない。

どうにか動こうと気ばかり焦っているうちに、テントの外の声がはっきりと聞こえた。

「このままでは全滅であります！　中尉殿、余りにも危険過ぎます！」

「そうであります。中尉殿、ここは引き返した方がよろしいかと存じます！」

「ああ……わかっている。だが、中隊長殿は先に進むべきとお考えだ」

陸曹には何がなんだかわからなかった。

（はぁ？　引き返す……？　中隊長は先に進むと言ってるだと？　こんな夜中にいきなり行動開始とでもいうのか！）

それにしても『中尉殿』とは何事だ。外に群がっている連中は、公然と大日本帝国陸軍の呼称で上官を呼び、ご丁寧にも殿までつけている！

今は平成の時代。自衛隊では『中尉』という呼び方はしない。『二尉』である。

よほど疲れているのか、またはふざけているのかと思った。

そして、次の瞬間だった。

テントの外のどこか遠いところから「しゅっぱぁーつ！」という凍てついた空気を揺るがすような声が響いた。それに呼応して、ザクザクと雪を踏みしめる多数の足音がテントの周りで響きはじめる。

陸曹は焦った。何かとんでもないことが始まろうとしているようだった。寝袋に包まれたまま、なんとか動こうと身をよじった。

すると、その自分の体の上を黒い外套に身を包んだ人影が、隊列を組んで次々と通り抜けて行くのだ。

テントなど、まるで存在しないかの如く行進していく……。

彼らの足音と姿が途絶えるまで、陸曹はあまりもの恐怖に、今度は一ミリも動くことができなかった。ただただ、寝袋にくるまったまま震えるしかなかった。

やっと朝になり、テントの周りは明るくなった。

いつの間にか、体も動くようになっていた。陸曹はいちばんにテントを出て、仲間たちにこの怖ろしい体験を話した。

ところが、多くの者はただニヤニヤするだけだった。

「ほう、今年はお前のところに出たんだな。いや、誰が貧乏クジを引いたのかなって思ってたんだよ」

陸曹と同じく初めて訓練に参加した数名は肝を冷やしたが、古参の隊員たちは誰一人驚く様子を見せなかった。

当地の自衛官にとっては、この類の出来事はごく当たり前のこととして受け止められている。

彼らに言わせれば「そんなの、アレが起きたのと同じ日を狙って山に入ってんだから、『出る』に決まってるだろう」と素直に認識しているようだ。

陸曹としては「お前、夢でも見てたんじゃねぇの?」と言われて否定されることを期待していたのだが……。

投稿者　邦やん（男性・大阪府）

足首固定

私のたいへん奇妙な幽体離脱の体験談。

初めて幽体離脱を体験したときは心底驚いた。

いつものように眠っていたら、スルスルスル～っという感じで体が抜けていったからだ。

もちろん幽体離脱という言葉は知っていたが、それが自分に起きるなど予想もしていなかった。

まず、目線の変化が衝撃的だった。

天井辺りからの距離で、寝ている自分の姿を真下に見ているのだ。まさに中空を浮遊しながら、である。

これには焦った。パニックになって声も出なかった。

なにしろ初めてのオカルトチックな体験だったからだ。いったいどうなるのかと焦りまくっていたせいで、いつ自分の体に戻ったのかもわからなかった。

しばらくして、私はまた幽体離脱に遭った。

前と同じような感覚で、頭の方から抜けていく。ただ、何かが違っていた。前はスルッと抜けたのに、今回は何かが抵抗しているというか、うまく抜けていかない。

ズルッ……ズルズル……ズルッ

ヘビが無理やり脱皮しようとするような抵抗感がある。

キチキチの体から抜け出す感覚はあるのだが、どうしても足首が抜けないのだ。

足首のところでがちっと固定されているような、誰かにグッと押さえつけられているかのような感じだった。

訳がわからなかった。私の体は進退窮まっていた。

幽体離脱は金縛りではないので、すぐに動くこともできる。身動きすると、ヒュッと途中まで抜けようとしていた体が元に収まった。

眠気はあるので、そのまままた眠ろうとした。

仰向けでいると、またズルズルと抜けようとする。だがさっきと同じように、足のところで止まってしまう。それに気づいて体を動かすとスルスルと元に戻る。これが繰り返された。

幽体離脱だけでもパニックなのに、二度目からは抜けようとする体が抜け切らないのも不可解過ぎた。

そこでふと思った。というか、都合のいい解釈をした。

これはもしかすると、私の守護霊が幽体離脱を阻止してくれているのかも知れない、と。

でないと説明がつかない。

何度も何度も足首が固定され、抜け切らない幽体離脱など聞いたことがないからだ。

投稿者　ぽぽた（女性）

祖父の人徳

祖父が亡くなったのは、私が小学五年生のとき。

そして、父の実家は寺である。寺から出す祖父の葬式というのは、湿っぽいものではなく明るいものだった。

寺の関係者は、常に死というものに接している。成仏するという考え方から、人の宿命として受け入れていたからだと思う。

寺には本堂とは別に家庭用の仏間がある。

祖父が火葬場で焼けるのを待つ間、家族や縁者たちは仏間で待機していた。祖父の思い出話をしたり、笑える逸話などでみんな大笑いをしていた。

仏間に備えられた立派な仏壇は、観音開きのどっしりとした扉で閉じられている。

みんなで談笑して盛り上がっていたときだった。

仏壇の扉がギィィィィィ……と、重く乾いた音を立てて勝手に開いた。

風が吹いたわけでもなく、地震があったわけでもない。

するとそれを見た叔父が声を上げた。

「お、焼けたらしいな。おじいさん、帰って来たったで」（兵庫の方言）
こともなげに、当たり前のように言う。
私は薄気味悪かったものの、そういうことなのかと思った。

その夜、父はどうしても外せない仕事で神戸に出かけ、神戸のホテルに泊まることになった。

私と姉と母の三人は寺から家に帰った。

祖父が亡くなったせいか、私も姉もやっぱり寂しく、人恋しいような気分だった。そこで、私たちは両親の寝室で、母も入れて三人で眠ることにした。

いつも父が寝ている場所に姉が布団を敷いた。私は少し離してその横で眠ることにした。

それは午前二時頃のこと。

姉は足元を何者かに押さえつけられている感覚があったそうだ。その気配でふと目を覚まし、違和感のある足元を見て驚いた。

そこには祖父がすっと立ち、姉をじっと見下ろしていた。

よく枕元に亡くなった人が立つとかいうが、姉の場合は足元だった。

しかし、姉はまったく怖いとは思わなかった。祖父の目は何か言いたげだった。祖父は父に、つまり祖父の息子に会いに来たのだとわかった。いつもは父が寝ている場所に姉が寝ていたからとまどったのかも知れない。

(ごめんね、おじいちゃん。お父ちゃん、今日は神戸におってやねん。ここにはおってやないの)

姉は心の中でそう語りかけた。

すると祖父は小さく頷いた。そして納得したのか、そのままずぅーっと遠ざかっていく。部屋の壁を通り抜け、次第に小さくなっていく祖父の姿が姉にははっきり見えた。その姿が消えるまで見送った姉は、何とも言えない安堵感に包まれたそうだ。

残念ながら姉の横で深く眠っていた私には、祖父の姿も気配も感じることはなかった。

後でわかったことだが、姉がそんな奇異な体験をしていた頃、父は神戸のホテルのデスクでまだ仕事をしていた。

すると、ふと後ろに妙な気配を感じる。

それは恐怖を覚えるようなものではなく、どこか温かく包み込むような気配だった。

はっとして振り返った父の目には、何も映らなかった。しかし、見えることはなかったが、はっきりと何かの存在を感じていた。そして、父もまた奇妙な安堵感に包まれたという。


他人にとっては気味の悪い話かも知れないが、私たち家族にとっては、ちょっとほっこりする体験だった。

これは祖父の人徳だったのかも知れない。

投稿者　Ｔｏｍｂｏｗ（男性）

言い訳

夜中の零時をすでに回っていた。

夢を見ていた。その夢の中でも私は眠っていた。

レースのカーテン越しに、ベランダに人影が見えた。

深夜にベランダに人がいるわけがない。もちろん夢の中なので、現実ではないが……。

「あのぉ、わたくし……、ラッ……さけ……」

その人は何か言いながら、こちらを向いた。

声は途切れ途切れだったので、何を伝えたかったのかはわからない。それに暗かったので、女なのか男なのかもわからない。顔もはっきりしないが、その声で私は目が覚めてしまった。

目が覚めたとき、私は夢とは逆でベランダに背を向けて寝ていたようだ。

ただ、ゾッとすることに思い至った。

私は誰かの『声』で目が覚めたのだ。ということは……。

ベランダに本当に誰かいて、何かしゃべったということになる。

夢ではなく、現実だったのか。一瞬、体が凍りついた。

振り向くのが怖かった。ベランダ側に向いている背中が粟立つ。厭な悪感が全身を走り抜けたが、このまま放っておく訳にはいかない。

私はもう一度ギュッと目を閉じ、何度か深呼吸をして頭をしっかりさせてから覚醒した。

(ここは三階……。あれはたぶん外の道にいる人の声に違いない……)

そう自分に言い聞かせて、ゆっくりと振り向く。

徐々にカーテン越しにベランダが視野に入ってくる。外は真っ暗だ。その暗闇には誰もいない。何も異常はなかった。

ほっとしたが、もう完全に目が覚めてしまった。リビングルームに行き、時計を見ると深夜零時四十分。そこでふと娘のことを思い出した。

「今日は飲み会だから遅くなる」

そう言って出勤した娘の部屋を覗くと、まだ帰っていない。

遅くなるにしても遅すぎる。なぜかドキドキして胸騒ぎもする。もしかしてさっきの人影は娘だったのか？　そんな有り得ない想像をしては打ち消す。

一時まで待って、堪らず娘の携帯に電話した。すると、いつもののんびりした声で応答してきた。

「あっ、お母さん。今さっき、人身事故があって電車が動かないのよ」

「今、どこにいるの？」

「西荻みたい　事故は小金井か武蔵境あたりだって」

なぜか人身事故が多い中央線だそうだ。

「お母さんね、何か胸がザワザワするの。気をつけて帰ってきて」

私はそう告げて電話を切った。

また気になった。さっきの人影はいったい誰なのか。何を言おうとしていたのか。しかし、娘の無事を確かめたので、すぐに私は眠ったようだ。当然、いつ娘が帰宅したのかは知らなかった。

この娘は、これまでもよく人身事故の遅延に巻き込まれていた。

それも通勤ラッシュの時間帯が多い。

事故が起きる度に娘は「ラッシュだけは避けてよ！」と、憤懣やるかたなくボヤいていた。そんなことを思い出していると、ベランダの誰かが何を言おうとしたのか、わかったような気がした。

「あのぉ、わたくし……、ラッ……」までは聞き取れていた。ラの意味がわからなかったが、たぶんこうではないのか。

「あのぉ、わたくし、ラッシュは避けたつもりなんですが……」

気弱な自殺者が言い訳をするために現れたとすれば、スジが通る。

もう不謹慎なことを言わないよう、娘を諫めておこうと思う。

投稿者　ｋｏｋｋｏ（女性）

喫茶店に来る

大阪のミナミに心斎橋というエリアがある。

ある日、その辺りで友人三人と楽しく飲んだ。酔い覚ましにと、喫茶店でお茶をすることにした。

友人の一人は神仏や前世、オカルティックな事象などに造詣がある。その人が中心になって、確か真言の話をしていたときだった。

みんなが陣取っているテーブルの左側には階段がある。その階段を『何か』が上って来る気配がした。

私には少なからずそういった目に見えぬモノを感知する力がある。

友人たちに明かすと気味悪がるかも知れない。私はせっかくの談笑をぶち壊さないよう、何も気づかぬ振りをした。

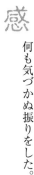

どうやら、来たのは『女』のような気がした。

自分の存在を感知されたのがわかったのか、私の右横にちんと膝をついて座る。しかも、来たのは女一体だけではなかった。女の後についてあと二体。

これには参ったが、知らない振りをし続けた。やっと店を出てから、真言の話をしていた人に異様な出来事の一端を話した。

「いやぁ、じつは鳥肌が立つようなことがあってねぇ」

あまり驚かせないように言うと、

「俺もや」

意外な返事をして腕を見せてくる。

二の腕全体に広がった鳥肌は、私よりすごかった。

「アレ、寄って来たよな？」

心底気持ち悪そうにその人は呟いた。

すると、会話を横で聞いていたもう一人の友人が話に加わってきた。

「女でしたよね？」

私はかなり驚いて、うんうんと頷いた。そして彼は続けた。

「あいつ……階段から来ましたよね？」

二人とも私よりすごい。

完璧に『見えて』いるのだ。ちなみに二人とも自分には『霊感』など無いと言い切っているのだが……。

投稿者　ＳＩＮ（男性・大阪府）

売れ残った家

じつに嫌な感覚というか、曰くのありそうな異変に出くわしたことがある。


ある暑い夏の夜のこと。

あまりの熱帯夜に眠れず、深夜にコンビニへ冷たいものを求めて出かけた。

その頃、私の住んでいる近くでは開発が進み、新興住宅地がいくつかできていた。

コンビニへの道は、そんな真新しい住宅街を通り抜けていく。

何軒か、通りに面して並んでいる新築住宅の中に、一軒だけまだ売れ残っている物件があった。同じような外観の家ばかりなのに、その家だけがなぜか買い手がつかない。

しかし、私には関係のないことなので、特に気にはしていなかった。

ちょうど、その家の前を通ろうとしたときだった。真っ暗な玄関の前に、白い影が見えた。

まだ誰も住んでいない家である。こんな夜中に誰だろう、不審者かと思った。歩きながら、その怪しい影に目を凝らした。

すると、スゥ〜ッと白い影が近づいて来る。

それは人の動きではなかった。

人の形をしたモヤモヤしたものが、私に吸い寄せられるように近づいて来たのだ。

(ええっ、なになに？)と焦っていると、それは私の直前で消えた。

その白い影は、何の縁もない『お爺さん』だと感じることができた。

しかし、私とは関わりのないお爺さんがなぜ寄って来たのか？

私は急に怖くなり、コンビニの明かり目指してダッシュした。いつもの商品、いつもの店員。コンビニの日常的な光景に少し落ちついてくる。

(あれは、きっと見間違いなんだ！)

自分に言い聞かせ、遠回りになるが、さっきとは違う道で帰ることにした。

気をしっかり持ち、コンビニから出る。ところが、奇妙なことが起きた。意志とは逆に、勝手に足が元来た道に向いてしまうのだ。

どうしても抗えない状況は理解不能だった。

仕方なく、戻ってはいけない道にゆっくりと歩を進めた。夜中なので、誰も歩いていない。私はせめてもの防御のつもりで、お経の知っているところだけを唱え、下を向いたまま震える足で歩いた。

やがて、さっきの家に近づいてくる。踵を返したかったが、何かに操られているかのようにそのまま進んでしまう。

視野の隅であの家の前を通っていることがわかった。白い影はいない。何もなく、無事に通り過ぎたのかと思った。

安堵して、しばらく歩いたときだった。引き摺るような足音がついてきているのがわかった。

あの白い影の主であるお爺さんだと思った。

だが、ついてくる足音はけっこう遅い。これなら振り切って逃げることができるかも知れないと思った。

走ることは叶わないので、可能な限り足早で歩く。ついてきた『何か』は、あきらめたのか途中から足音は途絶えていた。

私の何かがそれを引き寄せたのか、たまたま感覚が過敏になっていたからなのか。

後日の昼、その問題の家の前を恐る恐る通ってみた。
やはり、その一軒だけがなぜか売れ残ったままだった。ただ、あのお爺さんとの関係は
わからないし、知りたくもない。

投稿者　M・Y（女性）

仲介役

ある年の六月頃のこと。

私は持病があり、都内の某大学病院に通院していた。そのときに体験した不思議な話。

家から病院まではかなり遠い。

電車やバスなどの乗り換えも多く、一人では大変なのでいつも夫に付き添ってもらい通院していた。

なぜかその日は、家を出る前から夫婦揃って神経がピリピリしていた。喧嘩をするまではいかないが、病院に着く頃には、お互いに苛立ちがピークに達しているほど。

病院の一階で受け付けを済ませ、いつも使う二機あるエレベーターで三階の診療フロアに行こうとしたのだが、生憎どちらも上階に停まっているランプが点いたまま降りて来ず、乗ることができなかった。

仕方なく、一階フロアの中央にあるエスカレーターを使うことにした。このエスカレーターは幅が七〇センチほどしかなく、ステップには一人しか立てなかった。

三階で診療受け付けを済ませた途端、私は猛烈にタバコが吸いたくなった。

ただ、病院内は禁煙なので敷地外まで出る必要がある。

「待ち時間が長いから、今のうちに外でタバコ吸ってくるわ」

夫にそう言って離れようとすると、夫も一緒に行くという。

内心ウザイなぁと思いながら、エレベーターを使って一階に降りようとした。ところが、また同じような状況で乗ることができない。また狭いエスカレーターで降りていった。

病院の外へは救急外来の自動ドアからいったん待合室に入り、そこから外に通じる自動ドアで出ることになる。

夫が先に出て行ったので、私はその後に続こうとした。


ところが、一つ目の自動ドアの前で異変が起きた。


私が自動ドアの前に立った途端、体が固まるような感じになり、その場から動けなくなってしまったのだ。

先に病院の外に出た夫が、イライラと険しい目で私を見ているのが、開いた自動ドアの向こうに見えた。

自動ドアの前に私が立っているので、開いたままの状態が続いている。数秒後、ようやく体が動かせるようになって外に出ることができた。

灰皿のある喫煙スペースで、夫と一本ずつタバコを吸う。普段なら、それで満足するのだが、どうしてももう一本吸いたくて仕方ない。

夫を待たせたまま、もう一本根元まで吸い終えた。

再び病院に戻り、夫が前、私がすぐ後ろという順でまたエスカレーターに乗った。

ゆっくりとしたスピードのエスカレーターは、二階に着くと三階への狭い踊り場がある。その踊り場に、二十代後半くらいの青年がいるのがだんだん見えてくる。ピンク色のポロシャツ、白っぽいジーンズに白のスニーカーといういで立ち。

その青年が何をするでもなく立っていて、私の目を上から真っ直ぐに見詰めていた。

(何か用なの?)と思いながら見詰め返したが、何も言わず黙ったまま。心の中で(そこに立っていたら、邪魔なんだけど……)と思った刹那、いきなり彼は私の右側を一気に下に向かって駆け下りていった。

こんな狭いところを危ないにも程がある。なんと非常識なと、驚いて咄嗟に振り返った。

しかし、すでに彼の姿はなく、エスカレーターの下の方で年配の女性が二人、上下に向き合って談笑しているだけだった。


それは有り得ないことだった。同時に、疑問がいくつも湧いた。

（この狭い幅の間をどうやってすり抜けたの？）

（いったいどこに消えたの？）

（下から見上げていたのに、どうして靴まで見えたの？）

理屈に合わない出来事と疑問がせめぎ合い、私は軽いパニックになった。

頭が混乱していたが、とりあえず三階の診察待合室に戻ろう思った。エスカレーターを降りて数歩行ったとき、夫が私を振り返って訊く。

「見た？」

「うん」

それだけ答える。

足早に待合室に向かい、さっき起きたことを夫と小声で話し合った。

まず、共通して違和感を持ったことがあった。

いつも普通に乗れるエレベーターに、なぜか乗れなかったことである。何かに邪魔をされているかのように、上へも下へも乗ることを『拒否』されてしまった。

そうなると他のことも気になる。

私は夫に、いくつか不可解だったことを訊いてみることにした。私が目撃したことの検証や、夫の目からは何がどう見えていたのか、ということを。


まず、自動ドアの前で私は硬直していた。

そのとき夫はイラっとしながら、どうして早く出て来ないのか？　自動ドアの前でなぜ立ち止まっているのか、と怪訝に思っていたという。

やっと出てきたと思ったら、立て続けにタバコを二本も吸う。いつもと異なる行為に違和感を持ったらしい。

なるほど、夫の目にはそう映っていたのも仕方ないかと納得した。

次にいちばん不思議だった、エスカレーターの踊り場にいた青年のことを訊いた。

夫はエスカレーターで私の前にいた。すると、ドシドシと背後から誰か駆け上って来る大きな音がした。

狭いのに危ないだろうと振り返ると、私の背後に青年の半身が見えた。それは私が邪魔で上へ進めなくなったという雰囲気だった。

（妻に背後からピッタリくっつくな！）

夫が苦々しく思っていると、その青年は反転し急に駆け下りていって消えてしまった、とのことだ。夫はそのとき、『見てしまった』と感じたという。

ただ、解せないのは青年の一連の動きである。私と夫では微妙な相違点があった。

そんな話を重ね合わせながら、私たちは類推した。

たぶん、あの生きていない青年はタバコが好きだったのでは、ということ。

私たち夫婦が病院に入って来たときから、おそらく私の体を借りてタバコを吸おうと思っていたのではないのか。

喫煙スペースで、私が二本立て続けに吸ったというのはそういうことだと思う。

ちょっと想像が過ぎるかも知れないが、青年はそのお礼として険悪だった私たちの仲を取り持とうとしたとも考えられる。あえて自分の姿を異なるシーンとして見せ、二人で話し合えるように。

お陰でその一件によって、私たちは険悪ではなくなった。

見ず知らずの『青年』に感謝し、手を合わせた。

投稿者　せとぎり（女性）

心霊スポット巡り

ずいぶん昔のことだが、思い出すのもおぞましい話がある。

その日は雨が降ったり止んだりの蒸し暑い夜だった。いつもの悪友五人が集まって飲んでいた。

しょっちゅう集まっている連中だから、喋るネタもない。

ありきたりの話ばっかりで、だんだん話題も無くなってきていた。沈黙することが多くなったとき、誰かが「肝試しに行こうか?」と言い出す。

みんな手持無沙汰だったので、それに乗った。なにか一気に盛り上って、どこに行くかで話が沸騰した。

深夜零時を回った頃、結局クジ引きで行き先を決めた。

選ばれたのは、昔落ち武者たちを捕らえては首を切り落としたという『首切りの岩』がある川原。

そして、トンネルを一人で歩いていると、神隠しにあうという『神隠しのトンネル』。最後は『廃病院』に行くという三点セットの心霊スポット巡りになった。

みんなは久々に興奮して、すぐに出発しようということになる。ところがたった一人だけ、この期に及んで止めておこうと主張するヤツがいた。

「なんだよ、おまえ怖いんだろ～」

そう言って、他の者は冷やかした。

そいつは何かを感じていたのかも知れない。今思えば、あのとき本当に止めていたらと思う。もう遅いが、後悔だけが残っている。

車で三十分ぐらい走ると、『首切りの岩』に着く。

そこで一回目の肝試しが始まった。一人ずつカメラを持ってそこへ行き、首切りの岩の上に自分の首を置いたようなアングルで、オートシャッターで撮ってくるというルール。一人ずつ順番にクリアーしていき、最後は止めておこうと主張したヤツの番だった。真っ暗の中、そいつが青い顔をして戻って来るなり、怒ったように言い出した。

「この写真は現像しない方がいいぞ。もういい。もう帰ろう！　絶対よくないことが起きる！」

あまりもの真剣さにみんなはちょっとひるんだが、ここで帰る訳にはいかなかった。ただ、私はそいつとは昔からの付き合いだったので、霊感が強いということは知っていた。何か感じるものがあったのかなと思ったが、みんなのノリに水を差すようなことは言えなかった。

我々は逆に、怖いもの見たさに火が点いたような状況になった。

そのままの勢いで『神隠しのトンネル』へ走る。

時間は丑三つの二時ぐらいになっていた。本当は車から降りて、一人ずつトンネルを歩くというミッションだが、ビビッているヤツの抵抗もあって、車でゆっくりと走り抜けることで妥協した。

そして、我々はとうとう肝試しのメイン、『廃病院』に到着した。

外は相変わらず蒸し暑く、陰気な雨が降り続いている。

廃病院は圧倒的な不気味さに満ちていた。汚れて朽ちた外壁、無残に割れた窓ガラス、虚ろな目のような無数の窓。廃病院は何が起きても、何が出てもおかしくない雰囲気を醸し出していた。

我々はその禍々しい佇まいに気おされていた。いや、そのときすでに何かに憑かれていたのかも知れない。

夢遊病者のように、ボロボロになった塀を破って病院の中に入った。

湿気が立ち上がらせるのか、物凄く黴臭い。澱んだ空気がべったりと沈殿し、いたたまれない陰気さが満ちている。

中は真っ暗で、懐中電灯の弱い光だけが頼りだった。嫌な臭いと不気味な雰囲気に負けそうになる。

一人ずつだと迷ってしまうからと、二チームに分かれて肝試しすることにしたが、一人では怖すぎる言い訳だったのかも知れない。


気乗りはしなかったが、強がって廃病院肝試しのルールを考えた。

それぞれのチームは一部屋ごとに少なくとも一枚ずつ、必ず誰かチームの一人を入れて写真を撮る。そして、フィルムは使い切るというものだった。

何人かは怖がって反対していたが、強引に押し切られしまう。

私は二人チームになり、二人だけで各病室を回っていくことになった。私の相棒はビビッていたヤツの一人で、完全に腰が引けていた。

カメラのフラッシュが光る度に、寒気を覚えるような荒れた室内の様子が浮かび上がる。

こうなると私が空元気を装うしかない。強気の振りをして、真っ暗の廊下を突き当たりまで進む。そこには地下に下りる階段があった。

地獄への階段のように見えた。その階段を降りようとしたとき、相棒の様子がだんだんおかしくなっていった。

「もう帰ろう！　それ以上行くな〜！」

ヤツの叫ぶ声がフロアーに響いた。

「バカ！　びっくりさせるんじゃないよ！」

その大声に驚いて、私は噛みついた。

強引にそいつの腕を掴んで階段を降りていく。

踊り場を折り返し、地下フロアーに下りた。まったく先の見えない廊下を懐中電灯で照らしながら進み、最初の部屋のスチール扉を開く。

どうやら手術室らしい。床には水なのか血なのか、どす黒い染みが広がっている。

ボロボロになった白衣や錆びたメス、クーパーといった手術道具が散乱していた。よく心霊スポット探検レポートで、メスやカルテが散乱していたという話があるが、そのとおりだった。

ルールどおり、手術台をバックに私の写真を撮らせる。

手術室から出るときは、なにか背中がゾクゾクして後ろを振り返ることができなかった。

その部屋に巣食う『何か』が、じっと凝視しているような気がしたのだ。

それはたぶん、この世に未練を残した誰かかも知れない……。

じわじわと想像したくもないイメージに染まっていった。

「なぁ、写真撮ったし、こんな気味の悪いとこ早く出ようぜ」

私は堪らなくなって相棒に提案した。

そいつは血の気の引いた顔で、私ではない何かに視線を泳がせながら頷くだけだった。

その場から走って逃げたくなる恐怖に耐えながら、後ろに何かの気配を感じつつ、入ってきたスチール扉へ一歩一歩近づいていった。

全身硬直するような恐怖の中、やっと手術室を出て軋む扉を閉める。その途端、どっと冷たい脂汗が出た。

まさにそのときだった。

「ギャァァァァ〜〜〜！」

頭上のフロアーから物凄い悲鳴が降ってきた。

その瞬間、私はいきなり後ろから羽交い絞めにされた。相棒だった。

「あれほど行くなって言ったのに、どうしてここに連れてきた！」

完全に取り乱しながら叫んでいる。

私の首に回ったそいつの腕は氷のように冷たい。後ろを振り向くと、血の気のない異様な顔の相棒がそこにいた。

何かに取り憑かれたように、訳のわからないことを叫びまくっている。力づくで振り解いて怒鳴りつけた。

少し正気に戻ってきたところで、早く逃げ出そうと階段を駆け上がる。廊下を出口に向かって走っていると、別チームの一人が何かに怯えて暴れていた。

「俺に近寄るな〜っ！」

「こっちに来るな〜っ！」

あらぬ方向に目を向け、叫びながら近くにある物を投げつけている。

完全に錯乱していた。そいつを抑えるべきあとの二人も混乱していた。ただその場から逃げようと、右往左往している。足が萎えてしまって力が入らないようだった。

私はなんとか彼らを押さえつけ、冷静にさせた。

全員合流したので、少しは安堵したのかも知れない。すぐここを出ようと、もつれる足でなんとか病院を抜け出した。

それから二日間ほど、私は眠れない日が続いた。ウトウトすると嫌な夢を見る。自分の部屋の床一面が血で染まってきて、息苦しくなって目覚める。そんなことが続くので不安になり、あのときのメンバーで会うことにした。すると、みんなも似たような悪夢を見ているという。中にはまったく眠れず、げっそりとやつれている者もいた。

行ってはいけないところに行ったので、祟りか憑かれたのかも知れない。縁を断つためにも、これを記録した二台のカメラのフィルムを処分しようということになった。ただ、処分するにしても、絶対戻ってこない、ヘンな祟りが起きない、と安心できる方法でないとダメなような気がした。

では誰が処分するのかとなったとき、始めから止めておこうと主張していたヤツがボソッと声を上げた。

「じゃあ、俺が処分するよ……」

いちばん参っていたヤツが意を決して宣言した。

連日の悪夢に限界を感じていたようだ。

こいつで大丈夫かとも思ったが、正直みんな関わりたくなかった。じゃあ任せる、ということになった。

しかし……。

それ以来、そいつからの連絡が途絶えてしまう。

今も、消息を知っている者は誰もいない。

投稿者　しんいち（男性）

異

世の中のすべての事象は、正常か異常かの二者択一だけで成り立つ。
圧倒的多数の日常の退屈の中に、突如紛れ込んでくる怪異。
制御不能の現象が激震となり、人間の小宇宙に容赦なく飛来する。

凶兆マンション

私がまだ独身で、東京で一人暮しをしていた頃のこと。

住んでいたマンションは大きな通りに面し、通りには高架の高速道路も走っているという騒音が気になる立地だった。地の利の良さだけでそこに決めたのだが、住んで一年も経たないうちに引っ越す羽目になってしまった。

引っ越す原因となった不可解な現象の封印を初めて解こうと思う。

間取りは、玄関を入ると目の前がダイニングキッチン。

その左にリビングルームがあり、右は廊下で途中に風呂、トイレ、突き当りが寝室になっていた。

部屋は七階だったので、ベランダからは車が途切れることのない高速道路が見える。ただ、すぐ隣に別のマンションが建っているので、窓の外は壁という極めて殺風景な眺めだった。

日中は仕事で家にいない私にとっては、適度に陽が射す程度でも満足できる部屋ではあった。

何かわからないが、『それ』が気になりはじめたのは、ゴールデンウイークを過ぎた頃。

夜、寝ているとリビングの方で人の気配がする。

あくまでもそんな気がするという程度だったので、あまり気にしないようにしていた。

高速道路の横に建つマンションなので、風圧とか振動などが伝わって起きる現象なのかも知れないと思っていた。テレビ番組でも、車から出る低周波が異変を起こすことがあると放送していた。


そんなある夜、初めて友人が遊びに寄った。

しかし、十分も経たないうちに怪訝な顔をする。

「ごめん、気分が悪くなったから帰るわ」

突然そう言って、とっとと帰ってしまったのだ。

失礼なやつとは思ったが、無理強いに引き留めることもできず、じゃあねと後ろ姿を見送った。

数日後、その友人が昼間に改めて訪ねて来た。部屋に入るなり、何かを探るかのようにあちこちを見渡している。

そして「やっぱり……」と、意味深な言葉を吐いたのだ。

この友人は少し霊感があるらしく、この前の夜の振る舞いと何か関係があるのかも知れないと思った。訊こうと思った矢先、友人が先に口を開いた。

「この前ここに来たとき、気分が悪くなったんだけど、その原因を確かめに来たんだよ」

いきなり嫌なことを言う。

そして、結論として友人が言うには、やはり『何か』を感じるらしい。ただ、具体的なことまではわからないという。

人のマンションに来て、ケチをつけるようなことをづけづけ言うので、反発していた私だったが確かに思い当たる節もあった。

たとえば、寝ているときに人の気配がすることがあり、ときどきラップ現象的なことも起きていた。取り替えたばかりの新しい電球がチカチカすることもあった。

言いたい放題の友人が帰ってからは、私も余計に気になり出した。

そのせいか、以前にも増して不可解な現象が起こるようになったように思う。

その一つは、私が洗顔しているとき。

洗面所は廊下の途中の風呂場の中にあるので、廊下に背を向けて顔を洗うことになる。泡だらけになって顔を洗っていると、決まってリビングルームから寝室の方に向けて、トントントントントン……と廊下を駆けていく足音がする。

顔は泡だらけなので、目を開けて確かめることができない。感覚だけだが、間違いなく何かが駆けていく。そのときはゾッとするだけで、目の前の鏡で確かめることもできなかった。

はじめのうちは一人の足音だったが、いつの間にか複数の足音に増えていた。こうなると、廊下に背を向けて顔を洗うことなど怖くてできなくなった。

それにリビングルームの方だろうか、人の気配がある。しかも、それはだんだん強くなっていくようだった。

怖いので夜も電気を点けたままで寝るようにしたが、今度は気持ちが高ぶってなかなか寝つけない。

仕方なく音楽を聴きながら寝ようと思い、ある夜、お気に入りのミュージックテープをカセットに入れた。

ところがテープの途中で『……ウゥゥゥゥ…ウゥゥ』と、不気味な声が入っていた。それは話し声というより、苦し気な呻き声のような印象だった。

（もしかして、録音に失敗した？）と思い、巻き戻して聴き直してみた。すると、声どころか雑音すら入っていない。

（ちょっと、ナーバスになっているのかも……）

少し安心していると、今度は別の曲の途中でも声が入るようになる。

また巻き戻して聴き直してみた。すると、もう何も聴こえない。それの繰り返しだった。

気持ち悪すぎてテープを取り出し、ラジオを点けて寝ることにした。

ところが、ラジオでもこの得体の知れない声が聴こえてきたのだ。

こんな日々が続くと、さすがに落ち込んでしまう。

誰にもわかってもらえず、一人悩む日々が続いた。

そんな折り、当時勤めていた会社の上司が近くに来るので寄っていいかという。この人も霊感があるらしいので、訳を話して部屋を見てもらうことにした。

二人で部屋に向かう途中、上司は「隣は何なの？」と、隣のマンションのことを怪訝そうに尋ねる。

一階がスーパーで、その上がマンションになっていると説明し、とりあえず私の部屋に入ってもらった。

上司はダイニングに居座り、そこから動かず何かを探ろうと見えないアンテナを張っていたようだが、つと立ち上がるとリビングに躊躇うように入っていった。

無言で出てきた後は、散らかしたままの寝室まで見てくれた。

心なしか青い顔色をしながら上司は「やっぱり、ここ何かあるね……」と呟いた。

「そうだ、部屋の写真を撮ってみたら？」

何か感じるものがあったのか、上司はそんなアドバイスをした。

奇妙だったのは、隣のマンション側を重点的に撮れという指示だった。それだけ言うと、上司はもう用はないというばかりに帰っていった。まるで、この部屋の息苦しさに耐えかねているような雰囲気でもあった。

私はアドバイスどおり、明るいうちに何枚も写真を撮った。

すぐに現像に出してプリントをチェックしたのだが、私の目には見慣れたいつもの部屋が写っているだけだった。

後日、その写真を上司に見せた。

　すると、真面目な顔をして信じ難いことを指摘する。

「ほら、ここ。隣のマンションに面したキッチンの窓のところにね、幾つか顔が写ってるのよ。なんだこれは！　昔のちょんまげを結った人もいるじゃない？」

　私には窓に映っているという人の顔は識別できなかった。

　汚れと陰影の折り重なったごく普通の窓にしか見えない。しかし、はっきりそう言われると放ってはおけなかった。

　上司の言うとおり、部屋の四隅に清めの塩を盛ることにした。

　しかし、霊を鎮めたつもりだったのに時が遅すぎたのか、逆に霊を刺激してしまったようだった。なんとその窓の辺りまで、得体の知れない気配をビンビンと感じるようになってしまったのだ。

　私はあまりの不気味さに耐えかねて、ついに引っ越すことにした。

　次の引っ越先へは上司に付き添ってもらい、一緒に部屋を見て決めた。新居では久しぶりの安眠で、やっと自分を取り戻したような気分だった。これで、あの異変づくめのマンションと縁が切れた、と思った。

　数日後、元の部屋を明け渡す前に、最後の掃除をしに戻った。

気持ちいい朝でもあるし、何の心配もなく掃除をはじめたのだが、五分ぐらい経つと急に気分が悪くなってきたのだ。

さっさと掃除を済ませて新居に帰ったのだが、やはり気分はすぐれず、逆にどんどんと悪くなる一方だった。

もしかして……と思った瞬間、おぞましい風が首筋を撫でたかように、私はこの新居でも人の気配を感じてしまった。

（まずい！　掃除のときに連れて来てしまったのか？）

絶望的になりながらも、上司から教えてもらっていた処置をした。

部屋の四隅に塩を盛り、剃刀の刃を外に向けて置く。

幸いなことに、間一髪で効力が現れたのかも知れない。新居での異常はそれきりで治まってくれた。今のうちは、だが……。

投稿者　らいママ（女性・東京都）

凶兆マンション後日談

新しいマンションに引っ越して四ヶ月ほど経ったが、もう異変は起こらなかった。やっと安心して暮らしはじめた頃、偶然にも、私が前に住んでいた問題のマンションの住人に会う機会があった。

そのマンションにオフィスを構えている人で、たまたま仕事で会う機会があったときに判明したのだ。

仕事打ち合わせの後、なんとなくそのマンションでの霊の話になった。

すると、その人もマンションで、深夜作業をしていると何か得体の知れない寒気を感じたことがあるという。できれば一人での残業はしたくないと弱音さえ吐いた。

しかし、肝心なことを隠すように話すので、しつこくその詳細を問い質してみた。やっと彼は重い口を開いたが、少なからず私はショックを受けた。

「じつはね、ゴールデンウイーク中に、隣のマンションから飛び降り自殺があったらしいんですよ」


声を潜めて話す一言一言には、私の記憶を呼び覚ます起爆剤となった。

私が問題のマンションに引っ越して、怪異を感じはじめたのはゴールデンウイーク明け。

つまり、時期は符合する。

それに部屋を見に来てくれた上司は、マンションに入る前に「ここは何？」と、隣のマンションのことを気にしていた。

しかも、部屋の写真は隣のマンションの側を中心に撮るようにと指示をしていた。

これは偶然の一致で片付けていいのだろうか。

あまりにも飛び降り自殺と怪異の起こりはじめたタイミングが合い過ぎている。

それに、気になることをさらに思い出した。

前のマンションの部屋に置いてあった鉢植えだが、水をやっていないのに、いつも土がじっとり濡れていて、とうとう根腐りしてしまったのだ。

この根腐りがいちばん酷かったのは、隣のマンション側に置いた鉢植えだった。

そんなことを思い出して、ピンときたことがあった。

もしかして前のマンションは、一帯の土地に問題があるのではないか、と……。


そう思って、いろいろ調べてみた。

すると、追い討ちをかけるように陰惨な歴史が明らかになった。

その辺りの土地は、昔は寺社の境内だったらしい。

名残りなのか、マンションの近くには小さな堂が残っている。それだけなら、墓地があったのかと類推できるのだが、近くには通称『股裂き地蔵』と呼ばれる凄まじい名前の地蔵まであったのだ。

昔、悪事を働いた罪人が、右足と左足それぞれに縄を括りつけられ、それを牛に結んで左右に走って股を裂くという残酷な処刑があったらしい。

おそらくは、それを供養するための地蔵が『股裂き地蔵』だったのだろう。罪人を葬ったのも、その寺社の辺りではないかと思われる。

会社の上司が窓の写真を見て、「ここに、昔のちょんまげの人がいる」と、突拍子もない発言をしたこととも一致している。

こうして、ひとつひとつをジグソーパズルのように繋ぎ合わせると、やっぱりあの異変の連続は、錯覚や思い過ごしではなかったように思う。
隣のマンションから飛び降りた人も、何かに引かれてしまったと邪推もできる。
今願うことは、引っ越したこの部屋に、二度と怪異が起こらないということだけだ。

投稿者　らいママ（女性・東京都）

夜の訪問者

かつて、つきあっていた彼女がいた。

優しくて頭も良く、よく気がつくという私にはもったいない女性だった。結婚を一ヶ月後にひかえ、両親もひと安心していた。

そんな幸せいっぱいのある夜のこと。

会社が終わって帰る頃には雨が降り、霧も湧いていた。車はのろのろ運転で道は渋滞している。

結局、帰宅したときは九時を過ぎていた。


二階の自室で本を読みながら、のんびりと音楽を聴いていた。

すると階下で、父と母が何やら騒がしく言葉を交わしている気配があった。

（夫婦ゲンカか？）と思った。

様子を見に降りていくと、玄関に人の気配がある。

「どちら様ですか?」

私が尋ねるとか細い女の声がした。婚約者の彼女らしかった。

「早く開けてください、ずぶ濡れで風邪を引いちゃう」

そう答える。

こんな雨の日に、何で傘もささずに来たのかと思った。

慌てて三和土に下りて、ガラリ戸の鍵を開けようとした。

すると、なぜか母が顔を引きつらせて走ってきて、玄関の戸の前に立ちはだかる。しかも、なぜかおいおいと泣いていた。

「いいから、あんたは上に行ってなさい! 私が出るから!」

震える声でそう言い、頑として戸の前を離れない。

私の彼女であり、もうすぐ嫁になる女性がずぶ濡れで開けてほしいと懇願しているのに、それを拒絶するような仕打ち。私は困惑と苛立ちで声を荒げた。

すると今度は、父までがあろうことか母と一緒に立ちはだかった。

「お母さんの言うことを聞いて、お前は二階に行け!」

普段は温厚な父が、血相を変えている。

玄関先で鍵を開ける、開けないの押し問答してると、あきらめたのか彼女はいつの間にかいなくなっていた。

私は腹が立って、どうして家に入れてやらないのかを問い質した。強い口調で問い詰めても、のれんに腕押しだった。

母はうなだれたまま何も言わず寝室に引き上げていき、父はまだ玄関先に仁王立ちになって、黙って私を睨みつけている。

訳がわからなかった。

何を聞いても答えない父母の態度が不気味でもあった。私は怒り心頭のまま、自室に駆け上がった。


悶々とした夜が明けた。

昨夜のことをもう一度父に食ってかかった。

うなだれて黙って聞いていた父は、やがて力を落とした声で答えた。

「母さん、もう本当のことを言ってもいいんじゃないか?」

本当のこと? 本当のこととはいったい何のことだと思った。

母は、静かに話しはじめた。

「昨日の夜に来た、あの子はね、もうこの世にはいなかったんだよ。たぶん……お前を道連れに迎えに来たんだよ」

言葉が返せなかった。信じられない話の展開だった。

「いいから、落ち着いて聞きなさい」

父は茶の間に座ったまま、肩を落として訥々と真実を告げた。


衝撃的な話の内容はこうである。

昨日の夜、雨と霧で道路状況は最悪だった。

その日に限って、彼女は歩道でつまずいて転んでしまった。その勢いで道路に飛び出してしまい、走ってきたトラックに轢かれてしまった。即死だったという。

私が二階で音楽を聴いていたとき、その悲しい報告の電話があったらしい。父と母は大変なショックを受けた。私にすぐ話すべきかどうか迷っていたという。二人の言い争いはそういうことだった。

そんな修羅場のときに、亡くなったはずの彼女が訪ねてきた。

同時に、私が二階から下りてきて、外の『彼女』に気づいたというわけだった。

当然、何も知らず鍵を開けようとする。父母は必死でそれを止める。私を連れて行こうとする『彼女』の目的に、涙ながらの抵抗をしたというのが真実だった。

悲しい真実だった。

それ以上に怖ろしい事実だった。

もしもあのとき、私が強引に戸を開けていたら……？

それを考えると、何も言うことができなかった。

投稿者　ＭＡＳＡ（男性・タイ）

木魂

祖父から聞いた、まるでおとぎ話のような不思議な出来事。

明治生まれの祖父は愛媛県の山奥で、ずっと山仕事をしていた。

当時は灯りといえばローソクを使った投光器が使われていて、まだ懐中電灯などは無かった。

山の一日は早く暮れる。

山入端に日が沈むと、樹木に覆われた山の中は一気に暗くなっていく。どこかの梢で鳥が啼く甲高い声がしたり、山の動物の気配が漂ってくることもある。

それでも昔の人は日が暮れようが夜中であろうが、怖れもせずその日の作業が終わるまで下山しなかったらしい。

不気味だったとは思うが、山の神に守られているという一縷の思いを胸に刻んで働いていたのだろう。

そんな闇の中で、祖父はわずかな灯りを頼りに山仕事を続けていた。

ある夜のこと。
祖父は仕事を終え、一人真っ暗な山から麓の我が家へ帰ろうとしていた。
足元も定かではない杣道を星明りだけを頼りに下っていた。
すると、サワサワサワサワ……。
どこかから軽やかな音がする。いや、正確にはそんな気がしたらしい。
はて、何かなと音を感じる方を振り返った。
すると、夢のように幻想的なものを見た。

無数の木々から、一斉に人魂のようなものが滲み出て、空へと上っていく。
周りはとても明るくなり、一瞬、祖父のいる辺りだけが昼のようになった。
その辺りの森は古木ばかりだった。
すべての木から淡い光が出尽くすと、辺りはまた元の闇に閉ざされた。
不思議なことがしばらくして起きた。その辺りの古木がすべて枯れてしまったのだ。

祖父は言う。

「あれは木魂だ。人が亡くなるのと同じで、木から魂が抜けていったのだろう」

まるで、ジブリの映画のような光景を、祖父はほんとうに目にしたという。

投稿者　梅マリ（女性・愛媛県）

ことのはじまり

もう何十年も前のことになる。ある年の四月、当時人気絶頂のアイドルが亡くなった。所属していた東京のタレント事務所があるビルの屋上から、飛び降りたのだ。それが不可解な事が続発するはじまりだった。

その日、私は夜勤明けで昼頃まで寝ていた。嫌な夢を見た。電車に女性が飛び込んだり、飛び降り自殺するという夢。どちらも凄くリアルで、自殺する女の悲鳴さえ夢の中で聞こえていた。ぐったり疲れて目覚め、いつものようにテレビをつけた。するとニュースが流れていて、アイドルが飛び降り自殺したという。

まず驚いたのは、アイドルが飛び降りた時間が昼ぐらいで、私が嫌な夢を見て起きた時間とほぼ一緒だったこと。

しかも自殺したアイドルは、私が大ファンの子だった。二日前には、このアイドルのコンサートに行っていたほどだ。

あまりのショックに言葉を失った。何をする気にもなれなかった。

少し落ち着いたその日の夜、私は友人と一緒に飛び降りた現場に花と線香を供えに行った。

私たち以外にも多くの花が供えられていた。現場で長い間手を合わせ、沈痛な気持ちのまま帰ろうしたときだった。いきなりファンらしい数人の男に呼び止められた。

「あんたが今立っている場所が、アイドルが落ちた場所なんだよ」

本当かどうかは知らないが、私も友人もゾッとした。

数時間前に、アイドルの遺体が横たわっていたピンポイントの場所というのが怖かった。

私たちは重い気分のまま急いで帰ることにした。


そんな事件があってから数日が経った。

歌が好きなので、テレビのある歌番組を録画した。

ところが後日、どこかのワイドショーで、飛び降り自殺したアイドルの姿がテレビに映っていたという話題で盛り上がっていた。

まさに、私が録画したその音楽番組である。

そんな馬鹿なと思いつつ、少し霊感があるという友人と一緒に録画を再生した。そのときは私にはわからなかったが、見終わった後、友人はこのビデオはヤバイからお祓いした方がいいとだけ言い残して、さっさと帰ってしまった。

私にはよくわからなかったので、後日また、霊感があるという別の友人にも見てもらった。すると、やはり同じことを言う。

さすがに不気味には思ったが、私には何も『見えて』いなかった。

そこで、もう一度霊感が強いその友人二人を呼んで、三人で一緒にビデオを再生した。驚くべきことが起きた。霊感のある者と一緒にいると、霊的なものが見えてしまうことがあるらしいが、そのとおりのことが起きたのだ。

テレビは歌手が歌っているシーンを映し出している。

その画面に、二重映しのように異変が起きた。

私にはぼんやりとだが、顔の潰れた女性らしきものが見えた。

ゆっくりと顔をこちらに向けてくる。その女性の顔は苦痛なのか、悪魔のようになったかと思うと、瞬時、巨大な目が映り込み、瞬きをして消えた。いや、そのように見えた。

霊感などない私のことだから、友人二人のように確証はないのだが……。

このビデオテープは、後日、そのときの三人で近くの寺に持っていき、お祓いをしてもらった後、テープは寺に預けた。

これが当時の怪異な出来事のすべてである。


あれから数十年経った。

じつは、今もなお飛び降り自殺したアイドルに関連する持ち物で、不思議な現象が起こっている。

一つ目はレコード。

アイドルが最後のコンサートで歌った曲のレコードを持っている。それをかけると、最後まで演奏されずに途中で終わり、中断されてしまうのだ。

もしかして盤面に問題があるのか、レコードプレイヤーか針に不備があるのかと思った。そこでレコード店に持っていき、上級のオーディオで再生してもらったのだが、やはり同じ現象が起きる。別のプレイヤーにかけても同じ。店の人も首を傾げるばかりだった。

今もたまにその曲をかけてみるが、やはり同じ現象が起きる。

二つ目は最後のコンサートで買ったパネル時計。

始めはちゃんと動いていたが、一ヶ月ほどで止まるようになった。

アイドルが飛び降り自殺した時間に、ピタッと時計が止まる。いくら新しい電池に交換しても同じ。不思議だがその時間で止まるという不可解な現象が起こったのだ。

気持ち悪く、何かありそうな気がしたので、すぐに物入れの奥にしまった。

じつは、この話を投稿するために、先日久々に時計を出してきた。

新しい電池を入れ替えてやったが、やはり同じ現象が起きた。

何でもかんでも霊現象にはしたくないが、偶然にしてもおかし過ぎないかと思う。

投稿者　ＧＴＢ（男性）

液体

私がまだ十歳の頃、リビングルームで異様な出来事があった。


それはある爽やかな朝のこと。

滋賀県彦根市の我が家で、家族はリビングルームでくつろいでいた。

母は朝食の後片付けをしており、私たち三兄弟はソファに寝そべって、テレビのアニメ番組を見ていた。

父は同じリビングルームで新聞を床に広げ、足の爪を切っていた。つまり、どこにでもある日曜日の朝の家庭の光景だった。

そのとき、突然。

「ええ〜！」

父が素っ頓狂な大声を上げた。

私は反射的に、何事かと訳もわからず父のそばに飛んでいった。

父と対面する形で立っていると、何のことはない。父は広げた新聞の記事を読んでいて、思わず驚いて声を出しただけだった。

「九十歳近い双子の姉妹が名古屋におるらしいなぁ。若い子ならまだしも、お婆さんの双子の姉妹って、ある意味気色悪いよなぁ！」

新聞に向かって、不謹慎なことを独り言のように口にした。


その瞬間だった。

突然、異様なものが現れた。父の背後、天井に近い何もない空間に、横一線に黒い線が出現したのだ。

（ええっ、これは何？）

呆気に取られて見詰めていると、黒い線はゆっくりと上下に広がりはじめた。

まるで、空間を手術で切開したかのように、真っ暗な空間が上下に広がっていく。子供心にも有り得ない現象だった。

家のリビングルームには異様な空間が出現していた。ただ、それが『見えて』いたのは私だけだったのかも知れない。

一瞬たりとも、それから目が離せず凝視していると、次に驚くべきものが現れた。

その空間から、和服姿の二人の老婆が顔を出したのだ。

その老婆は苦悶の表情を浮かべていた。

とても残念だ、とても悔しいというような表情。苦々しく、悲し気な心中がそのまま顔に滲んでいた。

やがて、二人の老婆は緩慢に動いた。

二人それぞれが左手を上げる。そして、手の水を払うかのように、ビュッ！　ビュッ！と手を強く振った。

不思議なことが起きた。老婆たちが手を振ると、指の先から透明の液体が飛び散ったのだ。

不可解な液体は真っ暗な空間から、父の左頬、肩、そして新聞にボタボタボタっと降り注いだ。

なぜか、何もないところから、液体が飛び散る様子だけは家族全員が目撃していた。

父の頬からは液体が滴り落ち、新聞は水をこぼしたように濡れている。

もう訳がわからなかった。誰もしばらく唖然として言葉が出なかった。

驚いた父が液体の降ってきた空間を恐る恐る見上げたときには、すでに私が見た真っ黒の空間は消えていた。そこにはいつものリビングルームの空間が広がっているだけだった。

「罰当たりなことを言うからよ……」

キッチンから一部始終を見ていた母が、図星の指摘をした。

投稿者　ばにお（男性・滋賀県）

割れた鏡

学校には階段の踊り場に、姿見の鏡が据え付けてあった。

男子はほとんど無視していたが、女子はいつも身だしなみのチェックをしていた。

つまり、その鏡は女子たちだけでなく、階段の踊り場を通過する無数の生徒を映し出してきたということになる。


私が小学六年生のとき。

ある日、私と四人の友人が下校のときに踊り場で騒いでいた。誰かが鏡にぶつかり、数か所ヒビが入ってしまった。私たちは先生や親に怒られるだけでなく、弁償しろと言われるのが怖くてその場から逃げ出した。

私たちの校舎は六階建てで、一階から順に学年が割り振られていた。五階は五年生、六階は六年生ということになる。つまり、五階と六階の間の踊り場は、五年生か六年生しか通らない。

次の日、鏡の一件は全校生徒の朝礼のとき、「必ず、壊した犯人を突きとめる！」といちばん怖い体育の先生が宣言した。

私たち『犯人』は「やばいぞ」と呟やき、お互いの顔を見合わせてうつむくしかなかった。

そして、見せしめのように新しい鏡の横に、壊された鏡が並べて置かれるようになった。もちろん私たちはそこを通っても、絶対鏡を見ないようにしていた。

そして、一ヶ月が経った。

成績の悪い私たちは居残り組になり、いつもの五人で補習の問題を解いていた。

夕方五時を過ぎた頃、先生が来て「今日は帰りなさい」と言う。やっと解放された気分になり、急いで帰る仕度をした。

トイレに行った私は少し遅れて、一人で鏡のある階段を下りていった。

踊り場にある割れた鏡の前を急いで通ろうとしたときだった。夕陽がその鏡に反射して、まともに顔に当たった。

眩しさによろけて、その割れた鏡の横の壁に手を突こうとした瞬間。

割れた鏡の中から、誰かがこちらを覗いているのが見えた。

ゾッとした。

驚いてその鏡をもう一度見直した。

割れたちょうど真ん中あたりに、目が見えた。私の目ではない。誰か見知らぬ子供の目だった。

しかも、どこか恨みがましい目をしていた。

思わず後ろを振り返る。あたりに子供がいないか確かめた。もちろん誰かいる訳がない。

もう一度鏡に視線を戻した。

すると、割れた鏡の中をササっと行き来する小さな子が映った。

もう耐えがたいほど怖くなり、一目散に階段を下って家に逃げ帰った。

翌日、四人の友人にそのことを話した。みんなビビった様子で、顔を青ざめて聞いていた。

子供にはどうしたらよいかわからない出来事だったので、父母に話そうかと思ったが、話してしまうと友人たちを裏切ることになると思い口を閉ざした。

数日後、祟りが起きはじめる。

まず、友人の一人に災いが降ってきた。

学校の階段で靴紐が解け、靴紐に足を引っ掛けて転げ落ちてしまい、腕の骨を折る大怪我をした。

もう一人は、校庭の自転車置き場に停めてあったバイクが倒れてきて、下敷きになって足を骨折する。

さらにもう一人は、下を向いてブランコの脇を通ったとき、揺れていたブランコの座板が頭にをぶつかり五針縫う怪我をした。

四人目は階段の手すりに尻を乗せて滑って遊んでいたとき、手すりから床に落ち、階段で肋骨を折ってしまった。


残るのは私だけだった。

友人が順番に大怪我をしていく。これは偶然じゃないと思った。次は私の番だと思うと熱が出てきて、学校を休んだ。

母は私の言動が、ここ数日おかしいことに気づいていた。問い詰められ、とうとう鏡を割ったことを白状した。母は即刻担任の先生に報告し、担任は家庭訪問に来た。

親や祖母のいる前で、担任は私の目をじっと見てゆっくり質問した。

「階段の踊り場の鏡を割ったのは、お前たちだったのか?」

優しかったが、有無を言わせぬ口調だった。

「はい。ボクらが暴れて割ってしまいました」

父は怒り、祖母と母は弁償するとひたすら頭を下げた。

「いえいえ、お金は問題じゃないです。この子には良心があり、それに耐え切れなくて熱が出たのでしょう」

担任はそう言い、私をかばってくれた。

明日は学校に来るんだよと言い残し、帰っていった。

しゅんとしている私に、祖母の言葉が沁みた。

「割れた鏡は何千人も映してきたんだよ。その鏡には念や霊がいくつも宿っていたのさ。それが割れたので、閉ざされていたものが出てきて、災難をもたらしたんだろうね。明日は学校に行って、みんなの前で謝りなさい。謝った者にはもう災いは降りかからない」

次の朝、学校の朝礼で私一人だけ校長先生と一緒に段に上がり、みんなに迷惑をかけたことを詫びた。

そして放課後の下校のとき、割れた鏡の前で見た『子供』にも心から謝った。

置いてあった割れた鏡は、次の日には片付けられていた。

ただ、気になるのは、当時一緒に詫びなかった友人たち。

怪我をしたことで禊が終わったと思っているようだが、その後何もないことを祈りたい。

投稿者　ＭＡＳＡ（男性・タイ）

オービス

私の会社の後輩が体験した戦慄すべき話。

彼には婚約者がいた。

結婚を控え、大阪の岬公園にある自宅に彼女を泊め、ちゃんと両親に紹介することにした。

両親との顔合わせはつつがなく終わった。

ただ運悪く、その翌早朝に阪神大地震が起きてしまう。

須磨の彼女の実家は幸い無事だったが、ようやく連絡が取れた彼女の両親は心配した。

こちらは余震も激しく危険だから、しばらく帰って来るな、そちらで滞在させてもらえと娘に告げた。

やがて三月になり、一度実家に帰りたいと望む彼女を後輩は車で送ることにした。

震災後ということもあり、須磨まで往復で一日仕事となった。

彼女を無事に送り届け、自宅に帰るにあたり事故だけは起こすまいと慎重に運転し、夜遅く帰宅した。

それから数日経った頃である。

突然、警察から後輩に呼び出しがあった。

速度違反で、阪神高速のオービスに後輩が写っているという。

そんなことは有り得なかった。神戸の惨状に恐怖していたので制限スピードを守り、慎重に運転していたからだ。

後輩は何かの間違いだろうと、警察に乗り込んだ。

しかし、そこで見せられた写真に後輩は絶句した。我が目を疑うものがはっきりと写っていたからだ。まるで記念写真のように、ハンドルを握る自分が写っている。

後輩が恐怖したのは、その写真に写っていた自分の姿だった。

まるで、狂人だった。

車内で天を仰ぎ、大口を開けて笑っている。

そして、助手席には見たこともない女が無表情で座っているのだ。

もちろん後輩は必死になって全否定した。

黙って聞いていた警官は、後輩が嘘をついていないことを認めた。

そして、青ざめる後輩にこう言った。

「いやぁ、ときどきあるんだよね、こういうの……」

投稿者　ＳＩＮ（男性・大阪府）

落ちたピアス

山手線の某駅の近くに、昭和のまま時が止まったかのような飲み屋街がある。

そのスナックに、二十代後半のユミちゃん（仮名）という女性がいた。いつも明るく接客する丸顔の女の子だった。

ところがその日に限って、私以外に客のいないカウンターで、寒気でもするかのように自らの肩を抱き、心なしか暗い顔をしている。

どうしたのかと尋ねると、途切れ途切れに奇妙な話をしてくれた。

彼女は音楽好きで、ガールズバンドをやっていた。

専門学校を卒業し、都内のライブハウスで働きはじめた。当然、給料はスズメの涙ほど。

仕方なくこのスナックでも稼ぐことにした。

夜の遅い仕事なので、都心に近い中央線でアパートを探す。

駅近くでできるだけ家賃が安いところという条件で、やっと築二十年以上の古いアパートを見つけた。

初めての一人暮らし。部屋は古いけれど、一応風呂はついている。女の子らしく部屋を飾りつけして、ワクワクと暮らしはじめた。

そんなある日、宅急便が届いた。誰からだろうとドアを急いで開けた彼女に、宅配便のおじさんがびっくりしたような顔を向ける。

「あれ？　お婆ちゃんはどうしたの？　あんたお孫さん？」

ここに引っ越したばかりだと事情を話す。

「ああ、そうなんだ。長いことお婆ちゃんの一人暮らしだったんだけどねぇ。どうしちゃったかなぁ、息子さんにでも引き取られたのかなぁ……？」

そんな言葉を残して、宅配便のおじさんはドアを閉めた。

以前はお婆さんが住んでいたことはわかったが、別に気にも留めることはなかった。


彼女は仕事柄、夜遅くまで部屋を空けることが多い。戸締りはしっかりとし、カーテンもきっちりと閉めて部屋を出ることが習慣になっていた。

ある夏の朝に近い時間。仕事を終えて部屋に戻ってくると、風で大きくカーテンが膨らんでいる。

（あれ、おかしいなぁ。窓を閉め忘れたのかなぁ……）

いつも気をつけていたのに、窓が開いていた。

窓を閉めようとしたとき、視線がベランダの異物を捉えた。それが何かわかってゾッとした。狭いベランダには、十匹以上のアブラゼミの死骸が腹を上に向けて転がっていたのだ。

「キャッ！」

思わず小さな悲鳴を上げてしまうほど、奇異な光景だった。

それからである。小さな変事が起こりはじめたのは。間違いなく締めたドアの鍵が開いていたり、戸棚の中のコップの位置が勝手に変わっていたりする。

それでも、気のせいだと思うようにして、ハードな毎日を元気に過ごしていた。


ある日、働いているライブハウスでオールナイトがあった。くたくたに疲れて早朝に帰宅し、シャワーを浴びた。目を閉じて髪を洗っていると、右の耳のピアスが外れて落ちてしまう。

えっ？　と思った。というのもそのピアスは、耳たぶにつけていたのではなく、耳の上部の軟骨にホールを空けてネジ式の留め金でつけていたもの。めったなことで外れるわけがない。

とても気に入っているピアスだったので、急いでシャンプーを落とし、風呂の床を探した。

ところが、狭い床なのに排水溝にも見当たらない。風呂は浴槽をタイルの床に置いてある古いタイプのもの。懐中電灯で浴槽の下を照らし、モップの柄を突っ込んで探してみたがどうしても見つからない。忽然と姿を消したとしか思えなかった。

（ヘンだなぁ、外れたことなんかなかったし、よく探したのに……）

がっかりしたが、諦めてその日は寝てしまった。


仮眠の後、午後からいつもの仕事に戻った。

忙しく働いているうちに、ピアスのことは忘れていた。

夜中に部屋に帰ってきて、シャワーを浴びようと風呂の明かりを点けた。そのとき、思わず声を上げそうになった。

昨日失くして見つからなかったピアスが、タイル床の真ん中に転がっていたのだ。まるで、そっとそこに置いたかのように。

そこは昨日、何度も何度も探した場所。見落とすわけがない。不可解に思いながらピアスを手に取ってよく見る。あることを発見して、ゾッとした。

ピアスのネジ式の留め金は、しっかりと根元まで締められていたのだ。

この状態で外れることは有り得ない。

もし外れたのであれば、つけていた耳は軟骨が千切れ、血まみれになっていたはず。説明のつかない現象に全身が震えた。

ピアスを手に取ったまま立ち尽くしていると、「クフフフフフ……」

背後から老婆の含み笑いのようなものが、微かに聞こえたような気がした。

彼女は家賃は少し高いが、真新しいアパートに引っ越すことにした。

「あれって、みんな元住人のお婆さんの悪戯だったのかと思うのよねぇ」

まだ少し気味悪がっている様子で、彼女は話してくれた。

投稿者　かん（男性・東京都）

古傷の痛み

前の妻とは、よく夫婦喧嘩をした。

ある日、とうとう度が過ぎて、妻は包丁を持ち出して襲いかかってきた。私が身をかわした際に、包丁は私の太ももに突き刺さった。

私は刺さった包丁を抜かず、そのまま近くの外科病院に飛び込んだ。

看護師は左足太ももに刺さった包丁を見て慌てた。緊急で先生を呼ぶと同時に警察にも連絡した。

刺さったままの状態でレントゲンを撮る。パトカーでやって来た二人の警官は、刺さった包丁の状況写真を撮り、事件性の有無を確かめていた。

手術は十針も縫うほどの大怪我だった。

妻は傷害の罪で、事情聴取を受けるため警察に連行された。

しかし、私は起訴しないと言ったので大ごとにはならず、後日、家庭裁判所での離婚が成立した。

離婚後、私は新しい会社に入った。

タイへの出張が多く、日本にはほとんどいない状況になった。

ところが、タイに行く度に、刺された古傷が痛む。まともに歩けず、足を引きずるほどの痛みに悩まされた。

医者に何度も傷を見せたが、すでに完治しているという。

もしかすると神経系かも知れないと、痛み止めを処方されるだけだった。

その頃、タイの女性と知り合い再婚した。

時折痛む足の傷を心配して、驚くほどいたわってくれた。そんな穏やかな日々が続いていたとき、また刺された足が激しく痛み出す。

たまりかねてタイの日系病院に行き、超音波やスキャナー等の精密検査を受けたが、足は正常だという検査結果。

すると、妻は中国の針治療に行ってみないかと言う。

確かに、針治療は神経には効くらしいので、藁にもすがる思いでチャイナタウンの有名な針の先生を訪ねた。

白いベッドに寝かされ、先生は私の足に手をかざした。足に触れるか触れないかの間隔で、手をCTのように動かしていく。

手は足の付け根まで来て、そこでピタッと止まった。古傷の上で先生は首を傾げている。

「う～ん、何か足の傷口の中にあるようだ。細く長い何か。それが重なって神経を刺激しているのかも知れない」

この先生は気功の達人でもあるので、手をかざすだけでわかるのかと思った。

先生はさらに続けた。

「これは針では治すことはできない。切開手術だな。ちょっと待ってて」

そう告げると、奥の部屋に消えていった。

しばらくして、看護師が大学病院の外科部長に宛てた紹介状を持ってきた。

数日後、妻と一緒に病院に行った。

院内は患者でごった返していたが、なぜか紹介されたその外科の先生のところだけは、患者が一人もいなかった。

（ちっ、ヤブ医者を紹介されたかな……）

私はがっかりした。

タイ語で書かれた診察室の前の標示を見た妻が、ちょっと浮かぬ顔をしている。

「なんて書いてあるんだ？」

タイ語の読めない私は聞いて驚いた。

その医師は司法解剖医と記されているという。

(冗談じゃない。俺はまだ死んでないぞ)

訳がわからなくなり、妻と顔を見合わせた。

しかし、妻は紹介状を書いてくれた針治療の先生を信用しているらしく「絶対、あなたの足の痛みを治してくれる」と私を説得した。


診察室の中は物凄く不気味だった。

ホルマリン漬けの目玉、手足、内臓、乳児の死体などが所狭しと並んでいるのだ。

五十歳は過ぎているであろうその先生は女医だった。

私がタイ語で容態を説明すると、医師はなんと日本語で話してきた。

「私は大阪大学医学部を卒業して、大学の法医学研究室に五年いたので、日本語を話せるし、漢字も読めます」という。

私から不信感は消えていた。

医師は私の古傷を見た後、紹介状の診察書を熟読した。そして。

「もう一度切開します」

そう言うと、看護師にすぐ手術の準備を指示した。

局部麻酔だから、医師との会話はできる。足の傷の部分の肉が、メスで切られていくのがわかった。

「そろそろ骨が見えてきましたよ」

医師が患部を広げているときだった。

手術室にカランカラン！　という金属音が響いた。医師がメスを床に落としたのだ。それだけでなく、なにか呆然としている様子。

「もう一本メスを持ってきなさい。極細切開用もお願い！」

医師は気を取り直し、看護師にそう命じた。

そして、ごくりと生唾を飲み込んだ後、自分に説明するかのように言葉を継いだ。

「神経の辺りに、何か黒く細い糸状の物が何本も絡みついている。これを切除します」

そう説明すると、看護師に「カメラを持ってきて」と頼んだ。

よほど珍しい症例なのかも知れない。

「MASAさん、聞こえてますか？　凄い物が出てきましたよ。糸状のものですね。まさか、髪の毛？」

シャレーに生理食塩水を入れ、ピンセットで挟んでは浮かべていく。

「奥の方にもう一本、大動脈神経に絡みついています。それを取り出すために、もう少し切開します」

説明はテープレコーダーに録音するような口調だった。

慎重に切除すると、医師はピンセットで細く黒く長いそれを挟んで取り出した。

看護師は、驚いた表情で撮影している。

「終わりました。切開したところを洗浄し、縫合します」

手術は二時間かかって終わった。

その日は大事をとって入院した。

意外なほど痛みが少なく、もう歩くことができるのではと思うほどだった。

翌朝、私は恐る恐るトイレまで歩いたが、一時は脳に達するほどの太ももの痛みが無くなっていた。

そして、医師は驚くべき報告をした。

「太ももの中から出てきたのは髪の毛でした。それも四本。長さ十センチのものが三本、二十センチのものが一本。この二十センチの長い髪の毛が大動脈神経に絡みついて、圧迫していたようです」

わざわざ持ってきた黒い髪の毛を見せる。それはおぞましいものだった。

医師は続けた。

「私も三十年間、死体解剖や外科手術をしてきましたが、こんな事例は初めてです。これは臨床学会でも発表します」

いったいどうして髪の毛が入ったのか？　それは誰の髪の毛なのか？

いっさいは不明のままだった。

昔、包丁で刺されたときに、包丁の先に髪の毛が付いていたとしても、包丁を抜いて縫合する手術をしたとき、傷のまわりもきれいに洗浄している。だから、それは有り得ないのだ。

最後に、私がいちばん気になることを質問した。

「その絡みついていた髪の毛の血液型は、わかってるんですか？」

まさかと思って聞いてみた。

「AB型でした」

前妻の血液型と同じだった。

偶然の一致だと思いたいが、前妻が祟っていたのかと震撼した。

投稿者　MASA（男性・タイ）

特別寄稿

遥けき彼岸と煩悩に満ちた此岸とを結ぶ選ばれし者たちが居る。
亡き者との縁を語り継ぎ、綴り続ける特異なる生業。
紡がれた渾身の怪異譚に震撼するもよし、救われるもよし。

終電

これは十年ほど前、都内に住む男性サラリーマンが体験した話である。

その日、彼は仕事でミスをして、夜遅くまで一人で残業することになってしまった。退社できたのは終電間際。オフィスを出ると、電車を逃すまいと急いで駅へと向かった。

何とか終電が来る前に駅のホームに到着した彼は、乱れた息を整えながらベンチに腰をかけた。この時間だからか、自分以外周りには誰もいない。

（間に合って良かった。タクシーで帰ると料金が馬鹿にならないからな……）

ホッとしながら、すぐに来るはずの電車を待っていると、改札から続く階段を駅員が駆け上がってくるのが視界に入った。

その駅員は走りながら、じっと彼を見つめている。

何事かと思って見ていると、駅員は彼の目の前までやって来て、「すみません。こちらのホームには電車は来ないんですよ……」と告げた。

思わぬ話に少し驚きつつも、何かのトラブルでホームが変更になったのかなと彼は思った。

「ああ、そうなんですね。何番ホームに行けば良いんですか？」

そう問うと、駅員はボソッと「ついて来てください……」と言う。

この駅員、なんだか愛想もないし、雰囲気も暗くて嫌な感じだな……。そう思いながらも、彼は後についていった。

駅員と一緒に階段を降りながら、彼は妙な気持ち悪さを感じていた。

この駅員は走ってきたにもかかわらず、先程はまったく息を切らすことなく、まるで機械音声のような声で淡々と話していたからだ。

それに普通は、電車の到着ホームが変更されるなら、構内放送で知らせたりしないものだろうか？

そうした疑問も浮かんできたが、あまりこの駅員と会話をしたくなかったこともあり、彼は何も言わず、おとなしく従うことにした。

だが、黙っていても、やはり駅員からは何とも言えない不気味さを感じるのだ。

結局、案内されたのは先程とは反対側のホームだった。

そこに着くなり、「もうすぐ電車、到着しますよ」と駅員は言い、来た階段を降りていく。それと同時に、電車がホームへ入ってきた。

到着した電車は座席がすべて埋まり、吊り革を掴んで立っている乗客がいるほどに混んでいた。

（なんでこんなに混んでるんだよ）と苛立ちながら、彼は乗車した。

というのも、いつも終電で帰るときには、ほとんど客は乗っておらず、座席で横になっても文句を言われないくらい空いているからだ。それなのに、今日は通勤時とさほど変わらないくらいの混雑ぶりなのだ。

座れなかったことに不満を抱きつつ、なんとか空いている吊り革を握ると電車が発車しはじめた。

すると、想像もしていなかったことが起きた。

車内の乗客たちが一斉に、彼を凝視しはじめたのだ。サラリーマン、ＯＬ、学生……老若男女問わず、車内の全員が虚ろな目で、自分を無表情に見つめてくる――。

その状況に彼は怒鳴ることはおろか、一言も発することさえできなかった。全身に駆け巡ったのは、ただただ恐怖の感情だけだった。

突然の事態に体が固まってしまった彼は、少しでも恐怖を紛らわすため、自分を見つめてくる乗客たちと目を合わせまいと、視線を泳がせ続けた。

　そのとき、車内放送が流れてきた。

「これでアナタも終着駅に行けますね……」

　それは機械音声のような、淡々とした男の声だった。

　聞き覚えがある。そうだ、これはあの駅員の声だと、そう思った瞬間、彼の意識は遠のいていった——。

　目が閉じていく瞬間、自分を凝視する乗客たちが笑っているのが、彼にはわかったという。

　視界が暗くなると、耳に入ってくるガタンゴトンという電車の走行音も、次第に消えていった。

　それから、彼は誰かに呼びかけられる声と、体を揺すられる振動で目を覚ました。目を開けると、そこにいたのは若い男の駅員だった。

「大丈夫ですか！　目、覚めました？」

　慌てた口調で、捲し立てるように声をかけてきたので、「え？　あ、はい……」と気の抜けた返事をしてしまった。

すると、「困りますよ！　こんなところで寝てもらっちゃ！」と駅員が語気を強めてきた。

そう言われて慌てて自分の状況を確認すると、なんと線路の軌条部分にうなじを乗せ、体は退避スペースに入りこんでいる。いつの間にか、彼は線路で眠っていたのだ。

眉間に皺を寄せた顔で、駅員は怒気をはらんだ口調で言った。

「始業前の見回りの際はおられなかったのに、いつ線路に侵入したんですか！　我々が見つけてなかったら、アナタ轢かれてたかもしれませんよ！」

その言葉を聞き、もし誰にも気がつかれることなく、この状態のまま電車が来ていたらと思うと……生きた心地がせず、ゾッとした。


あの出来事はいったい何だったのか……。

ホームへと引き上げられた後、線路内に侵入したということで警察を呼ばれてしまい、駅事務所にて取り調べを受けることとなった。

警官に昨夜のことを説明しても、もちろんまったく信じてもらえず、酔っ払ってたんだろうとか、つまらない言い訳をするなと怒られる始末だった。

前科もなく、初犯ということで逮捕こそされなかったが、厳重注意処分となり、そのことがすぐ会社にも知られ、きつく問責を受けることになった。

その後、彼は解雇はされなかったものの、上司や同僚の視線や態度になんとも言えない変化を感じてしまい、結局は辞職届を出し、田舎へと帰ることにした。

今は家業の畑仕事をしながらのんびりと生活をし、あのときのことは、都会の生活に追われ疲れていた自分の妄想か幻覚だったのだ、と思うようにしている。

特別寄稿　田中俊行（オカルトコレクター）

べとべとさん

あなたが夜道を一人で歩いていると、背後から何者かの足音がついてくる。

そんなときは道の端に寄り「べとべとさん、先へお越し」と言うと、その足音だけがあなたを追い抜いていくという。


これは柳田國男が全国の妖怪話をまとめた『妖怪名彙』の中で挙げられている、べとべとさんという妖怪の話である。

奈良県宇陀郡の妖怪とされているこのべとべとさん、その姿を見た者は誰もいない。見た者はいないはずなのに、その手の話が好きな人にとって、べとべとさんは明確なビジュアルを伴って認知されている。

漫画家の水木しげるはこの妖怪を、巨大な球体にニカっと笑った口が開いていて、申し訳程度の二本の足がにょきっと伸びているという愛らしい姿で描いた。

水木作品にも頻繁に登場する人気キャラクターなので、べとべとさんというと、この歯の生えたボールのような姿を想像する人が多いだろう。

以前、なんの前知識もない人に、このべとべとさんの話を聞いてもらい、その姿を想像して絵に描いてもらったことがある。

彼女が描いたべとべとさんは、和装でありながら全身ずぶ濡れ、ずんぐりとした体型の女性で、濡れ髪を振り乱しながら大きな生魚を引きずってついてくるという、おおよそ人気のキャラクターにはなり得ないようなモノだった。

しかし、『妖怪名彙』にある記述と「べとべとさん」という湿気を感じさせる名称から想像するに、こちらの方が忠実な図像化であるようにも思える。

一人歩く夜道で、背後から何者かがついてくる気がする。

どんな人間でも、一度はそんな経験に覚えがあるのではないだろうか。

前時代の妖怪話を持ち出すまでもなく、古今を問わずそのようなシチュエーションはそう珍しいこともない日常の延長といえるだろう。

たいていの場合、その正体は偶然同じ道を行く人であったり、疑心暗鬼が生み出す気配であったりするのだが、今回は背後からついてくるモノ、つまり、見えないはずのべとべとさんを、見てしまった人の話をしたい。

◆

この話は一九七〇年代後半、大阪のとある喫茶店のマスターが体験した話である。仮にこのマスターの名前を後藤さんとする。

後藤さんが営む喫茶店は駅近くの賑やかな場所に立地しており、近隣に会社や専門学校があることからわりと繁盛していた。

いつものように閉店時間を迎え、居座っている顔なじみの常連客たちを追い出して片付けを始めた。照明を落として施錠をし、店の近くに駐車してある愛車に乗り込んだ。

すっかり陽が落ちた夜の街に車を走らせながら、後藤さんは常連客が口にしていた与太話を思い出す。小学生が学校の帰り道で口が裂けた女に出会ったという話だ。

七十年代当時は政治も経済も派手に流動していた。その大きな流れの中で、こういった怪談じみた話に代表される前時代の有象無象が自己の存在を主張をしているように感じた。

後藤さんの自宅は大阪府堺市の北野田というところにあった。

当時はまだあちらこちらに田畑が残っており、夜になると人気も途絶えて少し寂しい。後藤さんの自宅には駐車スペースがなく、自宅から少し離れたところに駐車場を借りていた。

駐車場から自宅までの道のりは田んぼを大きく迂回するルートになっている。車を停め、いつものようにそのルートを歩いて帰る段になって、後藤さんは何気なく田んぼの畦道を見た。

ここを通れば近道になるのではないか。街灯もない田んぼの畦道は暗いが、今夜は月も出ているので大丈夫だろう。そう思った。

ズボンの裾に触れる草の感触、田んぼから聞こえる虫の声、頬を撫でる夜の風、いつものルートから外れた行動を取ったことによる軽い高揚感と相まって、それらがとても心地よく感じた。

高度経済成長によって街の様子は随分変わったが、最近ではそれもひと段落した。ここらのような田んぼはまるで時が止まってしまっているようだ。

そんなことを思いながら歩を進めていくと、自分の足音に混じって、背後から何者かがついてくるような微かな音と気配を感じた。

遮蔽物がなく、見通しが良い田んぼの畦道を振り返るが、そこには月に照らされた田舎の風景があるだけで、背後からついて来る者など何処にもいない。

少し不気味に思ったが、口裂け女に怯える小学生じゃあるまいし、いい歳をして情けない、そう思って再び歩き出した。

だが、やはり間違いなく音と気配がついてくる。

もう目と鼻の先に我が家が見えているが、このままではどうも後味が悪い。しっかりと何もいないことを確認するため後藤さんは再度振り返った。


すると、その視線の先、十メートルほど向こうに真っ白な仔犬が二匹ついてきているのが見えた。

後藤さんは安堵すると同時に、やはり少し怖がっていた自分に気づき、恥ずかしく感じた。それをごまかすように「わあ、かわいいな」とひとりごちながら、子犬を招いて抱きかかえるため、ズボンの膝が土で汚れることも気にかけず跪いて手を広げた。

視点が下がったことにより、後ろからついてくる二匹の仔犬と思わしきモノの姿がよりはっきりと見えてしまった。

暗い田んぼの畦道を背後からついてきたモノ。

それは、規則正しくこちらに向かって迫って来る、二足の真っ白な足袋、それだけであった。

特別寄稿　河野隼也（妖怪文化研究家）

ラブホテルの怪

ホテルは、現代実話怪談の舞台としては定番である。

特に、ラブホテルでは、様々な怪異が起きても不思議ではないだろう。

そこでは日々、男女の情が交錯する。しかもそれは、幸せなものもあれば、そうではないものもあるのだ。それらラブホテルの中で交わされる数多の激情は、濃密な空気と共に建物内に満ち満ちて、やがて怪異を孕む。

その結果、ラブホテルは数々の怪談を生み落とし続けることになるのである。

ここではそんなラブホテルの怪談をいくつか紹介することにする。

シャワー

ある男性の体験である。

彼は付き合っている彼女と二人で、大阪の繁華街にも程近いラブホテルに入った。昭和を感じさせる、古めかしさ漂うホテルだ。

部屋に入り、まずは彼がシャワーを浴びた。風呂場も相当年季が入っているようだ。彼が出ると、入れ替わりに彼女が入る。

しばらくベッドに寝そべってテレビを見ていると、風呂から出てきた彼女もベッドに入ってくる。彼はテレビと部屋の明かりを落とした。


その途端、風呂場からシャワーの音が聞こえてきた。


二人は顔を見合わせ、風呂場に行ってみた。案の定、シャワーの水が勢いよく風呂場の床を叩きつけている。シャワーの水栓はレバーになっており、それを上下させることで水を出したり止めたりできるようになっている。それも相当古いに違いない。

「古いからレバーも弱くなってて、それで勝手に水が出たんやな」

そう呟くと、彼はレバーを下げた。同時に水は止まる。

「ほら、な」とばかりに彼女を見やると、彼女は不安気に言った。

「これ、おかしくない？　今、レバーを下げて水を止めたでしょ？　勝手に下がることはあっても、上がることはないんじゃない？」

確かにその通りだ。何となく気味が悪くなった二人は、慌ててそのホテルを出た。

忘れ物

別の男性の体験である。

その夜、彼女と二人でとあるラブホテルに入った。三時間の休憩時間はあっという間に過ぎ、部屋から出る段になった。そのホテルは部屋の入り口のところに精算機が置いてあり、そこに時間分の料金を入れると、扉の鍵が開いて外に出られるというシステムだ。

彼が精算を済ませると、ガチャリと音を立てて扉の鍵が開いた。二人は廊下に出て一階に下りる。

そこで忘れ物に気が付いた。昼間に買ったお土産のお菓子を部屋に置いてきてしまったのだ。慌てて部屋に戻ろうとするが、もう鍵が掛かっているはずである。そこでフロントに声を掛けた。

恰幅のいい中年の女が顔を出して対応してくれる。

「部屋に忘れ物をしたんで、取りに行かせてもらいたいんですけど」

「ああ、いいよいいよ。ここから遠隔で鍵を開けておくんで、行って取ってきて」

言われて彼は彼女と二人で再び部屋へと戻った。

扉は閉まっているが、鍵は開いているはずだ。彼がドアノブを掴むと同時に、内側からノブが回され、扉が少し開いた。

隙間から手が伸びてお菓子の入った紙袋が差し出される。


「あ、どうも」

そう言って彼がそれを受け取ると、何も言わず、手はまた部屋の中へと引っ込み、扉は静かに閉まった。

既に部屋に入っていた掃除係にフロントの女性が連絡してくれたのだろう。二人はまた一階に下り、フロントの女に声を掛けた。

「すみません。掃除係の人が取ってくれました」

するとフロントの女は怪訝な顔で言った。

「掃除係って、掃除は私がするんやで。今日は従業員、私一人だけやのに」

ということは、あの手は一体誰のものだったのだろうか。

音

また別の男性の体験である。

その夜、彼女と二人で入ったのは、とても古めかしいラブホテルだった。

シャワーを済ませ、二人がベッドに入ってしばらくすると、奇妙な音が聞こえてきた。

ギイイー……。

木の扉が軋むような音。

部屋の扉が開いたのかと、慌ててそちらを見るが、扉は開いてはいない。そもそも扉は鉄製なので、そんな音はしないだろう。ではこの音は何だ。

ギイイー……、ギイイー……、ギイイー……。

音は同じ調子で繰り返し繰り返し聞こえてくる。

しかもまるで室内で鳴っているかのように近い。建物が古いから、ひょっとしたら空調とかそういったものの音かもしれない。そうお互いに言い聞かせて、二人は気にしないことにした。

やがて、休憩時間が終わって部屋を出る頃には、いつの間にか音は止んでいた。

二人は廊下に出て、エレベーターのスイッチを押した。しばらくしてエレベーターが到着し、扉が開いた。中には一人の痩せぎすの中年女がいた。服装からもどうやら掃除係のようだ。

その女は会釈をして、エレベーターから降りる。それとすれ違う形で二人はエレベーターに乗り込んだ。扉の方に向き直り、一階のボタンと「閉」ボタンを押した。ゆっくりと扉が閉まりはじめる。すると先に下りた女がこちらを振り返り、目が合った。


女は「ギイイー……」と言った。

部屋でずっと聞こえていたあの音とまったく同じだった。


後日、その話を友人にすると、掃除係と会ったこと自体がおかしいと言われた。

ラブホテルでは、客が廊下やエレベーターで掃除係や従業員と会うことはまずない。ラブホテルには従業員専用の階段があり、掃除係は客と鉢合わせしないように、必ずそこを使うことになっているはずだと言うのだ。

ではあの女は一体何だったのか。そう思って、彼は再びぞっとしたという。

これら三つの話は、どれも同じラブホテルで体験されたものである。場所は大阪。そこは現在も営業中である。

特別寄稿　宇津呂鹿太郎（怪談作家／ＮＰＯ法人宇津呂怪談事務所所長）

叔父との通話

これは、二〇二一年の春頃、洋子（仮名）さんが体験した話。

洋子さんは、その三年前の二〇一八年に父親を亡くしている。

その際、父の訃報を伝えるために、それほど多くない親戚と連絡を取った。その中には父方の叔父もいた。

この叔父の家とは疎遠だった。

きっかけは、ずっと前に母が亡くなったときのことだ。叔父の家に連絡した際、電話口に出た叔母と揉めたのだ。

叔母とは以前から馬が合わなかったが、あまりにも常軌を逸した失礼な物言いから口論となり、以来ほぼ絶縁状態となってしまった。

翌年、その叔母が亡くなったと連絡を受けたが、お悔やみを伝えるに留め葬儀にも行かなかった。

それから十五年後の二〇一八年三月。

叔父の家に父の訃報の連絡をしたとき、数回の呼び出し音の後、電話に出たのは叔父だった。

疎遠な身内からの連絡ということもあって、受話器を取る前から何か察知していたのだろう。父の訃報を告げても、取り乱すような素振りはなかった。

だが叔父は「訳あって、今、東京から離れられない」と言う。

身の上を語る流れで「娘二人が何やら新興宗教にはまり、妻の遺産を散財していて心配なのだ」という話もしていた。

しかし、洋子さんは当時、病を患って入退院を繰り返している状態だったため、父の葬儀も簡素に済ませ、納骨は落ち着いてからするつもりだった。

なので、叔父の心配事を聞くことはできても、自分が動いてどうにかすることはできない。叔父にはそれらの事情を説明し、納骨の算段が整ったら、また連絡するという話をして電話を切った。

そして二〇二一年の三月。

治療に加え、疫病の蔓延などで遅くなってしまったが、やっと納骨ができそうだったので、再び叔父に連絡した。

だが、今度は電話が通じない。

従姉妹である娘二人にも連絡がつかない。

どうしたものかと考えているうちに、墓のことに思い当たった。叔母が亡くなったとき、確か近所のお寺に墓を用意すると言っていたはず。ならば、そのお寺を介すれば連絡が取れるのではないか？　そう思ったのだ。

そこで、地図を見ながら該当する場所を探し、目星をつけたお寺に電話して「そちらで、家の親戚が墓を用意してはいませんか？」と問い合わせてみた。

叔父の家の名前や住所を伝えたところ、確かにそのお寺の檀家さんで間違いないとのこと。

だが、手がかりが見つかったと、ホッとしたのもつかの間。次に、ご住職の口から出てきた言葉には、驚かずにいられなかった。

「十八年に、失火でご自宅が全焼してしまい。その際、ご主人である辰雄（仮名）さんがお亡くなりになっています。五月◯日がご命日です」

「えっ？」

洋子さんは息を呑んだ。

一瞬頭の中が真っ白になった後、グルグルと思考が回りはじめる。

今まで何の連絡もなかった。まったく知らなかった。

でも、叔父には二人の娘がいたはず。知的に難がある二人だったけれど、後見人か誰かいたはずだ。疎遠だったので詳しくはわからない。

でも、訃報が来ないなんてことがあるの？　と。

洋子さんは、軽い目眩は覚えつつも、なんとか気を取り直して言葉を続けた。

「辰雄は叔父です！　父の納骨の件を伝えようとしたら、連絡が取れなくなっていたので……。でも、まさか亡くなっていたとは……」


亡くなった五月ということは、父の訃報を伝えた二ヶ月後だ。

そんな時期に、しかも火災だなんて……。

ご住職も、訃報が伝わってないことには驚いた様子だったが、少し言いにくそうにしながら、

「じつは……納骨していただいた数年後から、こちらも娘さん達と連絡が取れなくなって

おりまして……。今すぐどうこうするというお話ではないのですが、管理費なども滞ったままで……。かれこれ、もう十年以上になります」

と、口にした。

それを聞いて、頭の中が再び真っ白になる。

十年以上？ え、今、何年？ ……二〇二一年のはずだ。

「ちょ、ちょっと待ってください。十八年でしたら三年前ではないんですか？」

「あぁ、なるほど。いえ、お亡くなりになったのは、平成十八年です。ですから西暦でいうと、二〇〇六年ですね」

「えっ……嘘……そんな……」

叔父と最後に電話で話したのは、二〇一八年の三月。

当時は電話も繋がったし、あれは確かに叔父の声だった。少し特徴的な喋り方をする人だったので間違えるはずがない。

ところが実際は、二〇〇六年に火災で亡くなっており、娘二人は、一時期母方の親戚筋に身を寄せていたようだったが、その後しばらくして連絡がつかなくなったらしい。以来電話も不通だという。

気がつくと、受話器を持つ手が震えていた。

指先が冷たい。心臓の鼓動が激しく鳴っており、足元が揺らぐ気がした。

あまりに動揺していたせいか、ご住職は落ち着くよう促し、その後しばらく何があったのか話を聞いてくれた。

その際、わかったことなのだが、どうやらご住職の娘さんは、叔父の娘の妹の方と同級生で、彼女達が新興宗教にはまって云々という噂は、風の便りに聞いたことがあったのだそうだ。

だけどそれは、叔父が亡くなった後の話だった。

ということは、あのとき。

すでに不通になった電話が繋がり、亡くなっているはずの叔父が出て、叔父の死後に起こった娘のトラブルを心配していたことになる。

「私は……いったい誰と話したの？」

いくら考えても、その答えは未だ見つからない。

◆

嘘みたいな話……という印象を受けた方もいるかも知れない。
だが、じつはこの話は文中に出てくる「ご住職」から聞いた話なのだ。

特別寄稿　星野しづく（怪奇談蒐集家／語り手）

リゾートマンション

残念だが日本各地には『自殺の名所』と伝わる場所がある。

青木ヶ原樹海、東尋坊、そして南紀白浜の三段壁……。

繰り返し、こういう場所に命を捨てに来る者がいるのはなぜだろう。

そこへ行けば迷いの気持ちが薄れ、ほぼ確実に死に至れるという甘美な罠に自らを委ねることができるからだろうか。

あるいは、生への執着よりも自棄への衝動がはたらく負の空気が濃厚なのかも知れない。

無念であり、悔恨の死を選ばざるを得なかった者たちの最後の思いは、その場所に澱のように沈殿し、中には浮かばれない霊として発露するのかも知れない。

今回はそんな自殺の名所にまつわる、何人もが体験した怪異な話。

私が勤務していたT社の大阪支社は、社員のための保養施設として、和歌山県の白浜にリゾートマンションの一室を保有していた。

洒落た名前のついたそのマンションは、白浜の中心である白良浜海水浴場から、車で十分ほど走った三段壁という観光名所のすぐ近くに建っていた。

観光ホテルが軒を並べる中心街を抜け、海沿いに走ると海岸線は岩礁地帯へと姿を変える。

太平洋の荒波がまともにぶつかる岩は荒々しくえぐられ、断崖の下は人を寄せつけないゴツゴツとした岩が無数の牙を剥いている。

耳を澄ませば、海風に乗ってドォーン、ドォーン！　と波が激しく打ち寄せるくぐもった音が響いてくる。

重低音は日暮れと共にさらに不気味さを増し、地の底から届く怪物の咆哮のように思える。

しかし、波と大地が何万何千年にわたって築き上げた海岸線は、岩の芸術ともいえるほど奇跡的な造形を完成させた。

特に、波に洗われた岩場が沖に向かって平たく広がる千畳敷や三段壁と呼ばれる断ち切ったように切れ落ちる断崖の奇観は、常に観光客を惹きつけていた。

千畳敷が女性的な穏やかさならば、三段壁は野性的な荒々しさが魅力である。

そして、この三段壁は、昔から自殺の名所でもあった。

場所によっては、数十メートルにもなる切り立った断崖が続く三段壁。雄大な黒潮の海を背景に、観光客の多くが記念写真を撮る場所がある。その断崖の手すりの横には、大きな文字で自殺を思いとどまらせる看板が、まるで卒塔婆のように立っている。

飛び降りた自殺者の遺体は岩礁と荒波に弄ばれ、原型を留めないほど無残な損傷を受けるらしい。

そんな遺体でも発見されれば運がいい方で、そのほとんどは海の藻屑と化したり、遠く沖へ運ばれていったりするという。

そんな場所のせいか、昔から幽霊や人魂を見たという話は尽きない。

夜中に三段壁へ涼みに出かけたら、断崖の下の真っ黒な海に無数の人魂が浮遊していたとか、海に向かって寂しく手を合わせて立っている人がいるので、自殺者か！　と思って声をかけると、スーッと消えてしまったとか。それこそ虚実取り混ぜた怪談が無数にある。

リゾートマンションNは、三段壁から国道42号線を挟んだ山側に建っている。

バブル期に完成した分譲マンションで、プール、レストラン、温泉が完備しているので、雲谷斎が勤めていた会社の社員には人気の保養施設だった。特に夏季シーズンは、連日宿泊で埋め尽くされるほどの賑わいだった。

そして、ほどなくある噂が広がる。噂は誰からともなく、利用者の間に感染するように伝わっていった。

ある日、二泊の予定で仲のよいＯＬグループが遊びに行った。部屋は２ＬＤＫの間取りで、海側のリビングルームは全面ガラス戸になっている。ガラス戸を開けると左右いっぱいにテラスが広がっている。

リビングルームの手前は二間続きの和室。その横の廊下の先は玄関ドアである。詰めれば和室に全員が布団を敷いて眠れるのだが、なんとなく夜更かし組と早寝組に分かれ、和室を占領した早寝組は深夜零時頃には、もう寝息を立てていた。

夜更かし組の二人は、彼女らを起こさないようリビングルームへ布団を移動させ、ワインを飲みながらおしゃべりに花を咲かせた。

ガラス戸の外のテラスは、真っ暗な闇に呑み込まれている。

時折、網戸を通して海鳴りの音が遠く低く聞こえてくる。闇の彼方にはイカ釣船の漁り火だろうか、宝石のような光が輝くのが幻想的に見えていた。

部屋に吹き込んでくる夜風が妙に冷たいので、A子はすべてのガラス戸を閉めた。几帳面に施錠をした後、ついでにレースのカーテンも端から端まできっちりと閉める。

部屋に外の音は届かなくなり、吹いていた夜風も完全に遮断された。

急に静かになると不思議なもので、二人のしゃべる声も小さくなる。隣の和室からは、規則正しい寝息が聞こえてくる。

時計が深夜二時を告げた。なぜか話が盛り上がらなくなり、もう寝ようかと二人は布団に体を横たえた。

……どのくらい、時間が経っただろう。

なぜか眠りにつけないA子は、真っ暗なリビングルームで寝返りを繰り返していた。

さっきまでしゃべっていたB子は、寝つきがいいのかスースーと気持ち良さそうな寝息を立てている。

何度目かの寝返りを打ったA子は、テラスの方を向いて薄っすらと目を開けた。電灯は消しているが、どこからか入ってくる光のせいでレースの白いカーテンがボーッと闇に浮かんでいる。

何気なくそれを見詰めていたA子は、あれ？　と思った。

部屋の端でカーテンが、フワリフワリと揺れている。

無意識にそれを見ているうちは、別に変だとは思わなかった。

微風にあおられて、カーテンが揺らめいているだけだと思った。見るともなく、カーテンに目を留めて柔らかい動きを眺めていた。

だが、徐々にA子は、何かがおかしいということに気づいた。

ゆっくりと浅い夢から醒めるように、冷静さが満ちてくる。

そうなのだ、寝る前に外気が入るガラス戸はすべて閉め切ったはず。風でカーテンが揺らめくはずがないのだ。

そこに気づいてカーテンを見ると、動きは風が作り出すものと違うことがわかった。

天井から床にかけて、カーテンが円筒形に膨らんでいる。

ちょうど、人ひとりがカーテンと窓の間に立ったような感じだった。

風の悪戯だと思っていた揺らめきは、その円筒形の中にひそむ何かが、カーテンからの出口を求めて、あちらこちらを探っているかのような動きをしていた。一気に怖くなったが、逆にカーテンから目が離せなくなった。

(ああ、出て来ないで……)

A子はそれを見詰めながら祈った。

薄いレースの不自然な膨らみの中に……『何か』がいる。それは今にも、カーテンからするりと出てきそうだった。

薄く、頼りない一枚の布が、部屋の中への侵入を防いでいるとは信じられなかった。子供でも、すぐにカーテンの隠れんぼから出て来るだろう。

だが、それはカーテンのバリヤーをどう破ればいいのかわからないように、ひたすらもがいていた。

透け透けのレース生地でありながら、そこにいるはずの『何か』の姿はまったく見えない。人の形のような膨らみだけが、そこにあるだけだった。

A子はカーテンを凝視しながらそっと手を伸ばし、隣で寝ているB子を揺すった。

「ちょっと起きて!　なんかヘンなのよぉ」

侵入しようとする何かに悟れないよう、震える声でB子の耳元に囁く。

「……う～ん、もう、何なのよぉ」

迷惑そうに目を開けたB子に視線を移し、A子は部屋の隅のカーテンを指差した。

「見て！　カーテンのところ……」

半身を起こし、目を細めてB子はそっちを見た。

「何もないじゃない。もう眠いんだから、起こさないでよね」

文句を言い、すぐに掛布団を頭から被ってしまった。

信じられなかった。どうしてB子は平気なんだろう。もしかして、B子にはあれが見えなかったのだろうか……。

A子は意を決して、もう一度カーテンに目をやった。

そこにあるのは、微動だにせずガラス戸にピタリと貼りついている薄いレースのカーテンだった。

円筒形の膨らみも、カーテンの揺らめきも、まるで嘘のように消えていた。


このように怪しい噂のある、南紀白浜のリゾートマンション。

しかし、観光だけでなく太公望にも絶好のロケーションであるため、釣り好きの社員も数多く利用していた。

もちろん、『出る』という話は社員の間でも有名で、中には怖いもの見たさで泊まるつわものも現れる始末だった。

しかし、よくしたもので、そんな好奇心だけの動機で泊まる者の前では、霊的な出来事はまったく鳴りをひそめてしまう。

会社の昼休みに、数人の社員たちがそんな噂話で盛り上がっていた。

当時のY部長は、しばらくじっと聞いていたが「じつはなぁ」と、さらに恐怖の追い打ちをかけるような話をはじめた。

部長は大の釣り好きである。だから、船釣りや磯釣りにはもってこいのこのマンションをしょっちゅう利用していた。

休みを取って一人で気楽な釣行をし、マンションの持ち主のように宿泊を重ねていた。

そんな中、部長もここで不可解な体験を幾度となくしたというのだ。

先ほどのA子の生々しい体験談を受けて、さらりと言う。

「そうやで。出るんやここは。俺は何回も見てるぞ」

その一言で、わいわいと怪談話に花を咲かせていた者たちは口をつぐみ、話の意外な展開に聞き耳を立てた。

やはりと言うべきか、このマンションには何かがありそうだった。部長が体験したという奇妙な出来事は、そのテラスで起こったという。

A子の話と違うのは、カーテンの膨らみの中に何かがいたということではない。真夜中に、テラスをスゥ〜ッと音もなく横切る白い影があるというのだ。

ガラス戸を閉め、レースのカーテンを引いた外のベランダを紛れもなく人の形をしたものが移動したという。これを何度も目撃した。

初めてそれに遭遇したのは、深夜に部長がリビングルームのソファーに座り、ぼんやり外を眺めながら酒を飲んでいたとき。

ふっと涌いたかのように白い影が現れ、テラスを滑るように横切ったらしい。

レースカーテン越しとはいえ、まだ電灯の点いた部屋の住人の目の前を、大胆にも姿を見せて移動した。

「誰や、お前は！」

思わず怒鳴ったものの、すっと姿はフェードアウトした。

その時点で、部長は不審者が侵入したのかと思ったらしい。

消えてしまったので、酔ったせいにした。というより、オカルト的なことはまったく信じていない部長である、そんな怪奇なものを認めたくなかった。

しかし、別の日に再び目撃をしたときは、この世のものではないことを確信したという。

その日は早朝の釣りのため、早くから部屋を暗くして眠りにつこうとしていた。和室に床を敷き、暑苦しいのでリビングとの襖は開け放っていた。明日の釣行に興奮しているせいか、なかなか目蓋が重くならない。

何気なく、レースのカーテン越しにテラスの方を眺めていた。と、そのとき。

ゆらゆらと、テラスの端で白いものが蠢いているのが、見えた。

部長はそれを見た途端、前にもテラスを横切った白い影があったことを思い出して体が硬直した。

（……な、なんや、これは！）

声にはならなかった。

混乱した頭の中で、認めたくない恐怖が渦を巻く。そのあやふやなものから目を離すことができなかった。

金縛りではないが、体はびくとも動かせなかった。これから何が起きるのか、予想もつかなかったからだ。

それは、一瞬視界から消えたかに見えた。

次の瞬間、それは閉じられたガラス戸の真ん中あたりに移動してきた。部長のいる部屋の中を窺うように、左へ右へフワリフワリと揺れながら漂っている。

部長はこのとき生まれて初めて、腹の底からの恐怖を味わったという。

ガラス戸の鍵をしっかり閉めていた僥倖に感謝した。それでも、その白い『何か』はガラスを抜け、今にも部屋に侵入してくるのではないかと、恐怖に押しつぶされそうになった。

時間にすれば、ほんの一分ほどであろう。

永遠にも思える恐怖の時間の後、白い影は侵入を諦めたのか、隣のテラスの方へ、風に流されるように姿を消した。

その後もA子やY部長だけではなく、テラスの白い影を見たという者が続出した。

マンションの部屋は、ちょっとしたお化け屋敷のような評判になった。

相変わらず、テラスにいたとか、カーテン越しに見えたというような報告は相次いだが、人に取りつくような実害はなかったので、噂は噂として部屋はそのまま使用され続けた。

これを書いている私、雲谷斎も出ると噂のこの部屋に、二家族で泊まったことがある。

同行者に話すと怖がるので、怪異のことは一切口外せず、私と義弟がベランダに接するリビングルームで寝ることにした。

深夜、みんなが寝静まった頃。

何気なく私がテラスの方を見たとき、風が入るはずもない部屋なのに、カーテンがユラリユラリと揺れているような気配はあった。怪異とは思いたくなかったので、エアコンのせいにしたが……。

それ以上のことは何事もなかったが、帰宅した数日後、義弟から礼の電話があった。

話題は当たり前のように、マンションでの思い出話になる。食事、プール、部屋の様子など……。もちろん幽霊の話など一言もしゃべっていないのに、義弟は遠慮がちにこう言った。

「あの……気を悪くするかも知れんけど、あのマンションえらい陰気やなぁ。エレベーター降りたとき、なんや知らんけどゾクッとしたわ」

霊感とは無縁の義弟でも、このマンションの醸し出す得体の知れない雰囲気は感じていたらしい。

そして決定的な怪異が起こったのは、それから数ヶ月後のことである。

会社の同僚のTが友人数人でマンションを利用した。

もちろんTも、テラスあたりで目撃される白い影のことは聞き及んでいた。

男ばかりの旅でもあり、みんな酒豪であることも手伝って、夜が更けるまで宴は盛り上がり、幽霊の出る幕もないほどの賑やかさだった。

正体もなく全員が酔っ払い、さて寝ようかというとき、その前に記念写真を撮ろうということになった。

リビングルームで、ぐでんぐでんに酔った男たちが好き勝手に馬鹿ポーズをとり、幾度となくフラッシュを光らせた。

私がTからある話を聞いたのは、Tたちが大騒ぎのツアーから帰って、写真ができ上がった後のこと。

仕事の合間のコーヒーブレイクのときに、私はTに話を振ってみた。

「そう言えば、例のマンションどうやった？　お化けは出たんか？」

軽いジャブのような、冗談半分という気分だった。

すると、そんな私の軽口に、真剣な表情を見せて答える。

「いやいや、ずっと酒びたりやったんで、お化けを見るチャンスもなく泥酔してしもてたんや。そやけどなぁ……」

「そやけどって……どないしてん？」

私は話の先を促した。

「じつはな、部屋の中で写した写真にヘンなもんが写ってたんや」

マンションから帰った数日後、Tは現像した写真をチェックした。

白浜の観光名所でふざけているスナップの後、部屋での乱痴気騒ぎの写真が何枚かあった。ほとんどが酒乱の狼藉といった証拠写真である。

問題の写真は、最後に撮ったリビングルームでの醜態の中にあった。

シャッターを押したときは、誰もタバコは吸っていなかった。

それ以前に、誰が吸ったタバコの煙が滞留していたということもない。

だが、その数枚の写真に鮮明に写っていたものがあった。

馬鹿のように破顔してポーズをとる人物の背景に、フワッと浮かんでいるモヤモヤとした白いもの。


それは、煙ではなかった。


煙ならば縦横に拡散し雲のように漂うことはあっても、具体的なカタチを作ることはない。

しかし、写真に写っていたものは、明らかに意思を持ったようにカタチを取る白い影だった。まるで記念写真に参加するかのように、人物の背後に二メートルはあろうかと思うほど、縦に長く伸びていたのだ。

それは人の形とは言いにくいが、頭部と胴体らしきものは識別できた。一枚だけに写っているのなら現像時の感光だと思えるが、その白い影は数枚にわたって姿を留めていた。


しかも、微妙にカタチを変えながら……。


ここからは後日談。

部屋での大騒ぎの翌朝、まさか写真にそんなものが写っているとは夢にも思わなかった仲間の一人が、朝の散歩でマンションの山手の方へぶらぶらと歩いていった。

すると、マンション背後の雑木林の先に墓地があったという。

つまり、自殺の名所三段壁と問題のマンションと墓地が、まさに定規で引いたように一直線で結ばれていたということだ。

想像するに、自殺した数知れない浮かばれない霊たちは、安住の地である墓地へ向かってさ迷ってくるのではないだろうか。

しかし、墓地は哀しいことに、そんな無縁仏を受け入れられるはずもない。行き場を失った霊たちは、嘆きながらこのマンションの中を浮遊し、成仏できない苦しみを訴えようとしているのかも知れない……。

霊たちが、行き場のない哀しみを伝えようとしているうちはまだいい。もし、叶わぬ思いが生きる者への恨みに変容したとき、どんな怖ろしいことが起こるのかは誰も予想できない。

数年後、会社は社員に何の説明もなく、突然そのマンションの部屋を手放してしまった。なぜ、急にそんなことになったのか……。

福利厚生部にその理由を尋ねても、誰も具体的な理由を言おうとはせず、会社の方針だからと言葉を濁すだけだった。

雲谷斎（怪談作家／逢魔プロジェクト主宰）

◎本書はＷｅｂサイト「逢魔が時物語」に投稿されたものを編集、文庫化したものです。

文庫ぎんが堂

怖すぎる実話怪談
叫喚の章

2022年6月20日　初版第1刷発行

編著者　結城伸夫＋逢魔プロジェクト

ブックデザイン　タカハシデザイン室

発行人　永田和泉
発行所　株式会社イースト・プレス
〒101－0051　東京都千代田区神田神保町2－4－7　久月神田ビル
TEL　03－5213－4700　FAX　03－5213－4701
https://www.eastpress.co.jp/
印刷所　中央精版印刷株式会社

ISBN978-4-7816-7209-0